Verkehrungen ins Gegenteil

Fröhliche Wissenschaft 220

Sylvia Sasse

Verkehrungen ins Gegenteil

Über Subversion als Machttechnik

Matthes & Seitz Berlin

Inhalt

1. Einleitung

»Wir werden uns nicht tyrannisieren lassen, wir werden uns nicht erniedrigen lassen, und wir werden uns nicht von schlechten, bösen Menschen einschüchtern lassen.« – Wenn Sie ein solches Statement lesen, denken Sie vermutlich, dass hier eine Person spricht, die auf die jahrhundertelange Unterdrückung von People of Color aufmerksam machen will. Oder auf eine gewaltvolle Kolonisierung? Vielleicht sind es auch belarussische Regimekritiker:innen, die von ihrer Regierung schikaniert und eingesperrt wurden, die sich hier äußern? Nehmen wir noch ein weiteres Zitat: »Denn sobald eine reale Erscheinung von Meinungsfreiheit zum Vorschein kommt, die sich in tatsächlichem Andersdenken und abweichender Meinung äußert, beginnen sie, solche Resolutionen zu beschließen, und versuchen, uns abzuwürgen.« Auch hier liegt die Vermutung nahe, jemand solle aufgrund der Kritik am Staat von demselben »abgewürgt« und zensiert werden. Vielleicht in Russland, vielleicht in China?

In beiden Fällen ist es jedoch anders, als man denkt. Es ist umgekehrt. Der erste Satz stammt von jemandem, der selbst kein Dissident oder Demonstrant ist. Er ist ein Politiker, der versucht, Demonstrierende, die gegen den andauernden Rassismus und die damit verbundene Unterdrückung kämpfen, zu jenen Tyrannen zu machen, gegen die sie aufbegehren. Der, der spricht, ist im Moment seiner Äußerung Präsident der USA. Er spricht als Vertreter einer *weißen* Tyrannei gegen diejenigen, die sich dagegen zur Wehr setzen. Donald Trump sagte den Satz in seiner Rede vom 4. Juli 2020[1] und reagierte damit auf die zahlreichen Demonstrationen der Black-Lives-Matter-Bewegung, die im Frühsommer 2020 aufgrund des Mordes an George Floyd durch einen *weißen* Polizisten stattfanden.

Das zweite Zitat stammt von der Chefredakteurin des russischen Auslandspropagandasenders RT Deutsch, Margarita Simonjan, es ist von 2016.[2] Sie sagte den Satz in Deutschland und versuchte mit ihren Formulierungen, Kritik an ihrem Sender als Zensur »Andersdenkender« auszulegen. Es handelt sich also nicht um eine Autorin oder einen Sender, der vom russischen Staat gemaßregelt oder unterdrückt wird, sondern um einen russischen Staatssender, der sich durch eine Resolution gegen Propaganda zensiert sieht. Die Resolution, auf die hier angespielt wird, ist die 2016 von der Europäischen Union verabschiedete Resolution gegen Desinformation, in der unter anderem vor Anti-EU-Propaganda aus Russland gewarnt wurde.[3]

Jetzt, da ich diesen Essay zu Ende schreibe, führt Russland Krieg gegen die Ukraine. Vladimir Putin, Präsident der Russländischen Föderation, hat Ende Februar 2022 Befehl zum Angriff gegeben und diesen Angriff als »Entnazifizierung« deklariert. Es ist ein Krieg, der diskursiv durch eine Verkehrung ins Gegenteil legitimiert werden sollte: Ein zunehmend nach innen und außen faschistisch agierendes politisches System rechtfertigt Repression und Krieg mit »Entnazifizierung«. Täglich ist in den Zeitungen zu beobachten, wie diese Verkehrung immer weitere Kreise zieht, etwa wenn das russische Verteidigungsministerium eine Woche nach Beginn des Krieges einen »Internationalen Antifaschistischen Kongress« ankündigt, um weltweit »die Ideologie des Nazismus zu bekämpfen«.[4] Sergej Schoigu, Leiter des Ministeriums, gab dies während einer Telefonkonferenz bekannt und vermeldete, dass 129 Staaten zu diesem Forum eingeladen seien. So absurd dies – von außen betrachtet – auch erscheinen mag, die gesamte russische Desinformation und Propaganda hält konsequent an ihren Behauptungen, die die Wahrheit ins Gegenteil verkehren, fest: Die Ukraine sei ein faschistisches Land, die »Faschisierung Europas«[5] schreite voran, die EU sei eine Diktatur, die europäische Presse sei eine Lügenpresse, in Europa werde Meinungsfreiheit massiv eingeschränkt, westliche Medien würden zensiert, der Krieg selbst sei nur inszeniert, die im TV gezeigten Opfer seien in Wirklichkeit »Krisendarstellerinnen«.

Den russischen Bürger:innen wird diese totale Verkehrung unentwegt als Realität vorgeführt, sie leben, das kann man im Moment gar nicht anders ausdrücken, in einer verkehrten Welt. Um diese zu realisieren, wurden unabhängige Medien komplett verboten, ausländische Korrespondenten verließen nach dem Erlass eines Gesetzes, das Geldstrafen und bis zu fünfzehn Jahre Haft für die Verbreitung von »Falschnachrichten« über das russische Militär vorsieht, das Land, die ausländische Berichterstattung in Russland wurde größtenteils eingestellt. Der russische Künstler Ilya Kabakov hatte in den frühen 1990er-Jahren die (mediale) Isolation in der Sowjetunion mit dem Leben in einem Bathyskaph verglichen, einem U-Boot, oder einer Weltraumrakete: »Alles ist so gemacht«, schrieb er, »daß du an allen Punkten deines Bewußtseins geschützt, verhängt, abgeschlossen bist: mit durchsichtigen Fenstern, damit du dich orientieren kannst, nicht in eine Grube fällst oder an eine Wand schlägst, aber abgeschlossen von dem Einfluß der Umwelt auf dein inneres Modell«.[6] Wir sind im Moment

Zeug:innen einer solchen erneuten Isolation, können beobachten, wie das U-Boot wieder abtaucht. Sich dem zu widersetzen, schreibt die russische Autorin Maria Stepanova im April 2022, »heißt auch, sich von der Diktatur einer fremden Fantasie zu befreien: von einem Weltbild, das uns von außen aufgezwungen wird und unwillkürlich unsere Träume, Tage und Newsfeeds erfasst«.[7] Sie meint damit Putins Fantasie, die eine ganze Gesellschaft in einen kollektiven Schwindel treibt. Denn alles, was in den staatlichen Medien geschrieben, berichtet, kommuniziert wird, müsste, um es mit der Realität wieder in Einklang zu bringen, noch einmal umgekehrt – vom Kopf auf die Füße gestellt – werden.

Aber es wäre naiv zu behaupten, dass derlei Verkehrungen ins Gegenteil nur ein Problem der russischen Gesellschaft sind. Vielmehr haben sie ganz unterschiedliche Kommunikationskanäle verschiedenster Gesellschaften erfasst. Sie werden von Coronaskeptikern, von Verschwörungstheoretikerinnen, von Politiker:innen unterschiedlicher Parteien, aber auch von Medien, exemplarisch etwa Fox News, (re-)produziert und gezielt als Instrument eingesetzt, das die Wahrnehmung von Wirklichkeit verunsichern und die Fähigkeit zu Kritik verhindern soll.

Es ist deshalb Zeit, die beobachtbaren Verkehrungen noch einmal zu rekapitulieren, ihre

Geschichte(n) zu verstehen und sie als eines der grundlegenden Verfahren von Desinformation zu begreifen, als eine subversive Strategie von ›oben‹. Ich möchte deshalb unterschiedliche Fäden zusammenführen: theoretische und künstlerische Analysen von Verkehrungen ins Gegenteil sowie politische und mediale Strategien zur Erschaffung von verkehrten Welten, die der Aushebelung demokratischer Prozesse dienen. Denn wenn sich Präsident:innen als Dissident:innen, Staatsmedien als »alternative Meinung« oder Faschisten als Entnazifizierer ausgeben, dann wird mit den Mitteln der Verkehrung Herrschaft und Terror legitimiert. Und richtet man den Blick zurück auf diejenigen, von denen die Verkehrungen ausgehen, kann man erkennen, dass Verkehrungen auch eine Art Kapitulation vor der eigenen Ideologie sind.

2. Subversion von ›oben‹

Schon George Orwell hatte in *1984* Verkehrungen ins Gegenteil als zentrale Propagandastrategie des von ihm beschriebenen totalitären Systems dargestellt. Anders jedoch als in unserer heutigen Gegenwart verbirgt die »innere Partei«, die den von Orwell erfundenen Staat regiert, diese Strategie nicht, sondern stellt sie regelrecht aus. Die berühmten Losungen am Ministerium für Wahrheit, einem »riesigen, pyramidalen Gebilde aus schimmernd-weißem Beton, das, Terrasse auf Terrasse, dreihundert Meter hoch in die Luft stieg«, sind schon von Weitem zu erkennen: »Krieg ist Frieden! Freiheit ist Sklaverei! Ignoranz ist Stärke!«[1] Auch wenn es nicht die gleichen Begriffe sind, so ist es doch ein ähnliches rhetorisches Prinzip, das sich in den radikalen Verkehrungen von Trump und Putin wiederfinden lässt: Fakten sind Fake News, Autokratie ist Dissidenz, Kritik ist Zensur. Der Spin, also der Dreh, der hier passiert, ist nicht nur irgendein Dreh, sondern die Drehung selbst: die konsequente Verkehrung ins Gegenteil.

Aber nicht alle drei orwellschen Begriffspaare funktionieren nach diesem Prinzip. Und es wird, auch wenn das auf den ersten Blick so scheinen mag, bei Orwell gar nichts verkehrt, vielmehr wird das Gegenteil aufgehoben: Krieg *ist* Frieden. Anstelle binärer Oppositionen nimmt das erste Wort – durch das »ist« – die Bedeutung des Gegenteils an. In *1984* wird deshalb – über den Slogan am Ministerium hinaus – aus dem Altsprech, der Sprache der überholten Gesellschaft, ein Neusprech. Während im Altsprech zu jedem Adjektiv noch ein entsprechendes Gegenteil existierte, wird im »Neusprech« jedes Gegenteil durch ein vorangestelltes »un-« gebildet. So lautet das Gegenteil von gut un-gut und von warm un-warm. Dadurch verschwindet zwar nicht die binäre Logik, dafür aber die Wörter, die das Andere bezeichneten – die binäre Logik gedeiht, obwohl die Gegenteile (kalt, schlecht) verschwinden.

Verkehrungen, so zeigt es dieses literarische Beispiel, verdrehen Bedeutungen, löschen sie aus und zwingen in binäres Denken hinein, selbst dann, wenn es am Gegenstück mangelt. Denn während Krieg das Gegenteil von Frieden ist und Freiheit dasjenige von Sklaverei, ist Ignoranz nicht das Gegenteil von Stärke. Doch im Rhythmus des Slogans fällt es fast schon nicht mehr auf, dass hier keine Verkehrung, sondern eine semantische Verschiebung stattfindet. Die Verkehrung ins Gegenteil, wir werden das noch beobachten, verkehrt nicht nur, indem sie unterschiedliche Dinge auf eine Stufe stellt, sie versucht auch dort Oppositionen herzustellen, wo gar keine sind.

Orwell gibt uns die Verkehrung ins Gegenteil als eine diktatorische politische Praxis zu lesen, als eine Subversion von ›oben‹. Es ist der Staat, das Zentrum der Macht, der seine Handlungen durch Verkehrungen legitimiert. Als solche können wir die Verkehrung ins Gegenteil auch bei Stalin und jetzt bei Putin beobachten. Und auch Trump wollte an der Macht bleiben, indem er die Ergebnisse der Wahl konsequent als Sieg und nicht als Niederlage interpretierte, sogar der Sturm auf das Kapitol war kein Sturm ›von unten‹, er sollte die vorherige Macht nicht stürzen, sondern ganz im Gegenteil aufrechterhalten.

Die gesellschaftliche Praxis solcher Verkehrungen reicht weit in die Geschichte zurück und ist in der Kulturtheorie ganz unterschiedlich interpretiert worden. Zunächst sind da die Verkehrungsrituale, die historisch zum Standardrepertoire von sogenannten Verkehrungsfesten gehören: Fastnacht beziehungsweise Karneval, aber auch Weihnachten, Knabenbischofs- und Narrenfeste.[2] Es war vor allem der russische Philosoph und Kulturtheoretiker Michail M. Bachtin, der mit dem Begriff der ›Karnevalisierung‹ die Debatte um die Verkehrungen im 20. Jahrhundert prägte. Für Bachtin war die Verkehrung Teil der volkstümlichen Lachkultur des Mittelalters, die zu einer bestimmten Auszeit, zur Zeit des Karnevals, die Welt und deren Machtverhältnisse auf den Kopf stellte. Für ihn war sie Merkmal einer Subversion von ›unten‹: Aus dem Pleb wird ein König, aus dem Unterleib der Kopf, aus dem obszönen Schimpfwort ein feierliches Lob – und umgekehrt.

In *Rabelais und seine Welt* schreibt Bachtin, dass die Karnevalsrede einer eigenen »Logik der ›Umkehrung‹« folge, – »à l'envers«[3], der Logik des »Gegenteils«, des »Auf-den-Kopf-Stellens«, der Logik der ständigen Vertauschung von oben und unten. Charakteristische Ausdrucksformen dieser Verkehrung sind die verschiedensten Varianten von Parodie und Travestie, Degradierung und Profanierung, närrischer Krönung und Entthronung. Das andere Leben, die andere Welt der Volkskultur, formiert sich in gewissem Maße als Parodie auf das gewöhnliche, nichtkarnevaleske Leben, als »verkehrte Welt«.[4] Bachtin unterstreicht dabei, dass diese verkehrte Welt jedoch kein Theater sei, bei dem es Zuschauer und eine Rampe gebe. Vielmehr erfasse diese verkehrte Welt das gesamte Leben und das gesamte Volk, niemand stehe außerhalb, niemand sei Zuschauer, alle seien Teilnehmer.

Da Bachtin, der 1929 in der Sowjetunion an die kasachische Grenze verbannt wurde, selbst in einem totalitären System marginalisiert und mit dem Tod bedroht wurde, war es naheliegend, seine Thesen auch als politische Allusion, als subversive Geste innerhalb der inoffiziellen sowjetischen Theorie zu deuten, ist doch die Subversion, etymologisch abgeleitet aus *sub-* (unter) und *vertere* (kehren, wenden, drehen), für Bachtin stets mit der Karnevalisierung selbst verbunden. Sie lässt an eine Wendung von unten denken, an eine Umwendung, die – für kurze Zeit – das, was für gewöhnlich ganz unten in der politischen oder kulturellen Hierarchie ist, verkehrt und kurzzeitig zu Macht verhilft. Bachtin schrieb an seiner Theorie zunächst in der Verbannung in den 1930er-Jahren, später dann wollte er sich mit diesen Thesen habilitieren, was in der Sowjetunion am ›Widerstand von oben‹ scheiterte. Denn für die verordnete enthusiastische Volksfröhlichkeit der Sowjetunion, die den Terror überstrahlen sollte, war Bachtins subversives Konzept eines karnevalesken Volkslachens und die damit verbundene Verkehrung der Hierarchien eine ideologisch völlig unpassende und gefährliche Theorie, schließlich war die Revolution längst erledigt, das ›Volk‹ bereits ›oben‹ und jede weitere Subversion konnte nur als Konterrevolution gelesen werden. Hinzu kam, dass Bachtin immer wieder betonte, dass die Verkehrung und das damit verbundene Verlachen der Hierarchien ein Sieg über die Angst sei. Eine staatliche Gutachterin seines Buches sprach deshalb verächtlich davon, dass Bachtin das Volk verhöhne, weil er dessen intellektuelles Schaffen nur »als körperliches Unten« verstehe.[5]

Als Machttechnik hatte Bachtin die Praxis der Verkehrung nicht im Blick. Dafür haben ihn auch viele Mittelalterhistorikerinnen und Altphilologen scharf kritisiert. Für sie war historisch evident, dass der Karneval nicht der Kritik an Hierarchien diente, sondern deren Aufrechterhaltung zuarbeitete. Der Altphilologe und Byzantinist Sergej Averincev bezeichnete Bachtins Entwurf einer subversiven Lachkultur des Volkes deshalb als bloße Utopie.[6] »Letzten Endes«, so schreibt der Historiker Emmanuel Le Roy Ladurie in seiner Studie zum Karneval sogar, »ist die Verkehrte Welt gegenrevolutionär«.[7] Damit wird im Grunde Bachtins Theorie selbst verkehrt, um zu zeigen, dass sie die Festigung von Herrschaft als Befreiung von dieser interpretiere.

In dieser kritischen Rezeption von Bachtins Theorie werden Konzepte aufgegriffen, die – wie etwa in den anthropologischen Studien von Victor Turner –Verkehrungsrituale als kontrollierte Ausnahme oder als befristete Subversion deuten. Turner schrieb, dass die Verkehrungsriten den Zweck hätten, Struktur zeitweise in Communitas zu verwandeln, aber mit dem Ziel, Hierarchien und Ordnungen zu festigen:

> Kognitiv betrachtet, unterstreicht nichts die Ordnung so sehr, wie ihre zeitweilige Außerkraftsetzung. Emotional befriedigt nichts so sehr wie extravagantes oder vorübergehend gestattetes Verhalten. Rituale der Statusumkehr umfassen beide Aspekte. Indem sie die Niedrigen erhöhen und die Hohen erniedrigen, bestätigen sie das hierarchische Prinzip. Indem sie die Niedrigen das Verhalten der Hohen (manchmal bis zur Karikatur) nachahmen lassen und die Initiativen der Stolzen bremsen, unterstreichen sie die Vernünftigkeit des kulturell vorhersehbaren Alltagsverhaltens der verschiedenen Gruppen der Gesellschaft.[8]

Die Verkehrung erhalte, mit anderen Worten, das hierarchische Denken und damit auch das Denken in Gegensätzen aufrecht. Karneval und dessen Prinzip der Verkehrung hätten Turner zufolge für die Gesellschaft, zeitlich begrenzt und kalendarisch vorgegeben, Ventilfunktion (»Ventilsitte«). Dabei werde Subversion beziehungsweise Widerstand selbst zum Scherz, zum erlaubten, regulierenden Modus in einer ansonsten hierarchisch geprägten Gesellschaft. Das Volk, so könnte man Bachtin also entgegnen, der die erlaubte, verordnete Scherz-Subversion als tatsächliche Subversion liest, wird außerhalb des Karnevals stillgestellt und vertröstet.[9]

Die Interpretation der Verkehrung als Gelegenheit, dem Volk die Möglichkeit zu geben, kontrolliert zu rebellieren, scheint in der Forschung Konsens. Man könnte jedoch dagegenhalten, dass selbst in dieser kontrollierten Verkehrung etwas eingeübt werde, eine Praxis der Macht und der Verwandlung, die auch außerhalb der Karnevalszeit abrufbar bleibt. Mich interessiert hier im Folgenden aber nicht so sehr die als Gabe oder Ventil ermöglichte kontrollierte Subversion für das Volk, die vom Staat oder von der politischen oder religiösen Ordnung selbst initiiert wird, sondern die gezielte Subversion von ›oben‹, das heißt die bewusste Verwendung von Verkehrungen zur Festigung und Legitimation von Macht und Terror. Es geht also um Verkehrungen, die die karnevaleske, ritualisierte Subversion als Element eines politischen Theaters verwenden, das nicht mehr auf eine bestimmte Zeit begrenzt ist, sondern auf Dauer eine Legitimation und Durchsetzung von Herrschaft durch Verkehrung vollzieht. Das politische Theater der Verkehrung gibt sich im Unterschied zur Verkehrung im Karneval jedoch nicht zu erkennen. Alle seine Elemente – Inszenierung, Maskierung, Rollentausch – werden verborgen und zur Täuschung eingesetzt. Dafür finden wir in der russischen Geschichte einige Beispiele, die auch interessant für die Verkehrungsstrategien gegenwärtiger politischer Regime sind.

3. Rollentausch

Beginnen wir mit Ivan dem Schrecklichen, unter dem sich bereits eine (historisch weit zurückliegende) Subversion von oben beobachten ließ. Sie zeigte sich als (politischer) Rollentausch.

Ivan gründete 1565 eine Militär- beziehungsweise Polizeieinheit, die er Opritschnina nannte. Sie bestand aus Dienstadligen, Tataren und europäischen Söldnern und sollte einen von den Bojaren abgetrennten Teil des Landes, der direkt Ivan unterstellt war, bewachen. Die Slavistin Schamma Schahadat nennt diesen Ort einen »Gegen-Ort«,[1] der dem Prinzip der Verkehrung unterstellt ist. Die Opritschnina, so Schahadat, hatte »die Kategorien des Karnevals«[2] zur Ausübung ihrer Macht usurpiert, sie hatte im Grunde das Prinzip der Verkehrung als Instrument des Terrors genutzt. Dabei handelte es sich nicht mehr um Verkehrungen im Rahmen von Verkehrungsritualen, sondern um deren Nutzung für politische Zwecke. Schahadat schreibt: »Die politischen Gruppen verleihen ihrem Terror den Status des ›als ob‹ und usurpieren die Kunst zum Zwecke der Machtausübung.«[3] Die Aneignung von Verkehrungsritualen als Machtinstrument hat nichts mehr damit zu tun, dem Volk für ein paar Tage eine verkehrte Welt zu erlauben, sondern zielt darauf ab, die Praktiken dieser Verkehrung für die Durchsetzung der eigenen Macht zu verwenden. Der Karneval wird auf diese Weise zum politischen Theater.

Ivan selbst nutzte die Verkehrung mehrmals, um seine alleinige Macht zu legitimieren und eine Diktatur zu errichten, die die Opposition mit Gewalt und Terror zerstörte.[4] So verließ er etwa im Dezember 1564 Moskau mit dem Staatsschatz und maskierte sich dabei als Vertriebener, der vor den Bojaren flüchten müsse. Später verkündete er in der Festung Aleksandrovskaja sloboda seine Abdankung und versuchte, das Volk für seine Interessen zu gewinnen, indem er sich als Opfer der Bojaren darstellte. Mit dieser einfachen Opferumkehr erreichte er die Unterstützung der Kaufleute und der Stadtbevölkerung, was wiederum dazu führte, dass die Bojaren ihn um Vergebung und um Rückkehr an die Macht baten – eine Bitte, die Ivan schließlich als Legitimation für mehr Terror interpretierte.

Die Verkehrung ins Gegenteil diente somit jeweils der Inszenierung einer Situation, die nicht nur die Rollen von Opfer und Täter, Theater und Realität vertauschte, sondern die die Umkehrung von Ursache und Wirkung zum Instrument von Herrschaft machte. Ivan der Schreckliche schuf mit seinem Verkehrungstheater selbst die Voraussetzungen dafür, den anschließenden Terror und die Alleinherrschaft zu rechtfertigen.

In der nächsten Krise variierte Ivan die Idee des Tauschs, der Zweck blieb aber derselbe. Bei seiner »Abdankung« im Jahr 1575 tauschte er mit dem tatarischen Khan Simeon Bekbulatovič die Rollen. Während Bekbulatovič den Zaren spielte, übernahm Ivan die Position des Untergebenen, um durch die zeitweise Herabsetzung seiner Position den Verrat zu umgehen. Hier zeigt sich, wie das politische Theater den Karneval nur noch parodiert und für andere Zwecke nutzt:[5] Die politische Instrumentalisierung macht die Ausnahme zur Regel, die alle, bis auf einen, involviert – Ivan. Dieser stellte sich außerhalb des Geschehens, das er initiierte, er machte sich zugleich zum Autor, Zuschauer und Profiteur der Effekte der Umkehrung.

Einen politischen Rollentausch vollzog auch Vladimir Putin, um an der Macht zu bleiben. Lässt sich dieser ebenfalls als politisches Theater beschreiben, das subversiv versuchte, Herrschaft noch deutlicher zu festigen? Kurz zur Erinnerung: Putin war erstmalig von 2000 bis 2008 russischer Staatschef und schlug, da er gemäß der Verfassung nach zwei Legislaturperioden nicht noch einmal kandidieren durfte, Dmitrij Medvedev als seinen

Nachfolger vor. Er selbst wechselte, um die Macht nicht gänzlich abzugeben, während der Präsidentschaft von Medvedev auf den mit weniger Macht ausgestatteten Posten des Premierministers, der es ihm ermöglichte, vier Jahre lang auf den erneuten Wechsel zu warten.

Interessant ist, wie der neuerliche Wechsel von Putin und Medvedev innerhalb der Partei Einiges Russland gestaltet und begründet wurde. Medvedev schlug am 24. September 2011 auf dem Parteitag von Einiges Russland seinen Vorgänger Putin als seinen Nachfolger für die Präsidentschaftswahlen 2012 vor. Es war völlig klar, dass der Rollentausch eine Umgehung des Präsidialgesetzes darstellte und die erneute Präsidentschaft von Putin garantieren sollte. Medvedev und Putin rechtfertigten diesen Rollentausch jedoch auf besondere Weise, und zwar indem Putin sagte, dass »es keineswegs wichtig ist, wer was tun wird und wer auf welchen Plätzen sitzen wird«.[6] Und auch Medvedev betonte die Gemeinsamkeiten ihrer Politik. Beide nivellierten Unterschiede und versuchten so, den ungeheuerlichen Trick, die Aushebelung demokratischer Prozesse durch den Tausch, als Täuschung unsichtbar zu machen. Hier hat das politische Theater, das gespielt wird, also eine ganz andere Funktion. Der Tausch findet statt, aber das (rhetorische) Theater dient dem Verdecken der Inszenierung und dem Unsichtbarmachen der Differenz. Dies wird vor allem dann deutlich, wenn man sich daran erinnert, dass Medvedev in Russland und im Ausland als Liberalisierungsschub gesehen wurde, während sein Interregnum eigentlich nur der Machtkonsolidierung Putins diente. Der Tausch ist so betrachtet nicht nur ein Tausch der realen Personen und ihrer Macht, sondern auch ein Verbergen der Absicht, die vorgegebene Liberalisierung erscheint als ihr Gegenteil, sie dient zur Vorbereitung von Autokratie.

Zu sagen, es mache keinen Unterschied, wer von beiden regiere, führt also Gleichrangigkeit ein, wo ein Unterschied ist, gibt Autokratie als Fortsetzung von Liberalisierung aus und Putins Entscheidung als Ergebnis des »kameradschaftlichen Bundes«.[7] Das erinnert zwar nicht inhaltlich, dafür aber von der Logik her an Orwells *ist* in Sätzen wie »Krieg *ist* Frieden!«. Die Differenz und der Tausch werden durch das *ist* unsichtbar gemacht.

Nach der Wahl von 2012 wurde schließlich die Verfassung dahingehend geändert, dass russische Präsidenten sechs statt bislang vier Jahre im Amt bleiben dürfen, und mit dem Volksentscheid 2020, der die größte Verfassungsreform in der Geschichte Russlands legitimiert, hat Putin sich die politische Macht auch über 2024 hinaus gesichert. Er hat dadurch den Rollentausch überflüssig gemacht und im Nachhinein bestätigt, worum es im Grunde immer ging: selbst an der Macht zu bleiben. Der Rollentausch wurde als erster Schritt verwendet, Macht dauerhaft und ohne demokratische Prozesse zu sichern und diesen antidemokratischen Akt nach außen nicht nur als verfassungskonform erscheinen, sondern durch die angenommene Verfassungsreform auch ›demokratisch‹ legitimieren zu lassen. Das ist nicht nur eine Karnevalisierung von Politik, die den Rollentausch als Machttechnik verwendet, sondern – wenn eine autokratische Macht als demokratisch legitimiert aufgeführt wird – auch eine Karnevalisierung des Politischen. Denn die Verkehrung ist nicht nur auf eine Täuschung im konkreten politischen Handeln gerichtet, mit dem Ziel der Legitimation und Durchsetzung von Herrschaft, sondern sie weist diese Herrschaft als gemeinsames politisches Handeln aus, als demokratisches Agieren.

Hannah Arendt hatte beobachtet, dass es gerade das Politische ist, die Möglichkeit des agonalen, gemeinsamen politischen Handelns, die in autokratischen Ordnungen zu verschwinden droht.[8] Allerdings verschwindet das Politische nicht einfach, es wird durch seine Darstellung und Inszenierung substituiert, es wird zum Gegenstand einer umkodierten Repräsentation, mit der es die gegensätzliche Wirklichkeit zum Verschwinden bringt. Die mögliche Konsequenz ist nicht nur eine trügerische Repräsentation politischer Wirklichkeit, sondern auch ein politisch Imaginäres, in dessen Namen Repression und Krieg legitimiert wird.

Der Politikwissenschaftler Sheldon Wolin hat in seinem Buch *Umgekehrter Totalitarismus* auf zunehmend antidemokratische Tendenzen und totalisierende Entwicklungen in liberalen Demokratien hingewiesen. Diese seien, vergleicht man sie mit dem Putinregime, nicht von vornherein als Täuschung angelegt, sondern eine Folge von Effekten, die demokratische Ordnungen ermöglichen. Wolin schließt damit an Theorien an, die seit Jahren die Inszenierung des Politischen in westlichen Demokratien kritisch zu fassen versuchen, etwa mit den Begriffen ›Postpolitik‹ oder ›Postdemokratie‹. Was Wolin dem hinzufügt, ist, dass diese antidemokratischen Prozesse Bestandteil der Demokratie geworden sind, die Letztere von innen heraus gefährden und ihre Absichten nicht zu erkennen geben. Hier kommt für ihn die Umkehrung ins Spiel. Er meint mit dem »umgekehrten Totalitarismus« ein demokratisches System, »das vorgibt, das Gegenteil von dem zu sein, was es in Wirklichkeit ist«, nämlich bereits eine »gelenkte Demokratie«.[9] »Eine Umkehrung liegt vor«, so heißt es, »wenn ein System, wie zum Beispiel eine Demokratie, eine Reihe von signifikanten Handlungen hervorbringt, die normalerweise mit ihrem Gegensatz in Zusammenhang gebracht werden: Wenn etwa der gewählte Regierungschef einen Angeklagten ohne ordentliches Verfahren inhaftieren und die Anwendung von Folter zulassen kann, während er die Nation über die Unantastbarkeit der Rechtsstaatlichkeit belehrt.«[10] Oder wenn eine Politik konsequent die politische Regulierung von Sozialausgaben ablehnt, sich dafür aber in »sexuelle Beziehungen, Ehe, Fortpflanzungen und familiäre Beziehungen über Leben und Tod einmische«.[11]

Wolin will sich vor allem gegen die gängige Überzeugung wenden, dass Totalitarismus und Demokratie in Opposition zueinander stehen, einander ausschließen. Ihm zufolge dulden gegenwärtige Demokratien totalisierende, lenkende und kontrollierende Praktiken nicht nur, sondern bringen sie hervor und entfernen sich so immer weiter von einer demokratischen Partizipation. Allerdings sieht er beim »umgekehrten Totalitarismus« in den USA keine programmatische politische Ideologie am Werk, sondern vor allem »eine Gesamtheit von Wirkungen, die durch Handlungen oder Praktiken hervorgerufen werden, die in Unkenntnis ihrer dauerhaften Folgen durchgeführt werden«.[12] Zu diesen totalisierenden Mächten gehören nicht nur Firmen oder Kirchen, sondern auch eine Verfassung, die dem

Präsidenten jene Macht zuschreibt, die ihm einen Missbrauch der Demokratie ermöglicht. Zudem sieht Wolin auch keinen politischen Führer als Architekt des »umgekehrten Totalitarismus« am Werk, sondern es ist das System, das einen Führer hervorbringt.[13]

Wolin bezieht seine Analyse ausschließlich auf das US-amerikanische System, und selbst dann, wenn er den Begriff ›gelenkte Demokratie‹ verwendet, hat er nicht Russland im Blick, für dessen politisches Regime die Bezeichnung zu Beginn der 2000er-Jahre üblich wurde.[14] Die Lenkung ist ihm zufolge weniger eine politische, sondern eine Steuerung des politischen Geschehens durch Großkonzerne, die die Politik auf ihre Interessen zurichten. Er nennt es ein »Erwachsenwerden der korporativen Macht«.[15] Ziel dieser Lenkung sei eine »politische Demobilisierung der Staatsbürger«.[16] Was Wolin beschreibt, ist eine durchgehende Installation autokratischer Prozesse, die durch die Demokratie als alles umfassenden Rahmen nicht nur geduldet, sondern geradewegs legitimiert werden. Letzterem war sich schon Colin Crouch gewahr, als er versuchte, den postdemokratischen Zustand, wie er schrieb, »übertreibend« darzustellen. Postdemokratie, so Crouch, bedeute, mit einem »Gemeinwesen« konfrontiert zu sein,

> in dem zwar nach wie vor Wahlen abgehalten werden, Wahlen, die sogar dazu führen, daß Regierungen ihren Abschied nehmen müssen, in dem allerdings konkurrierende Teams professioneller PR-Experten die öffentliche Debatte während der Wahlkämpfe so stark kontrollieren, daß sie zu einem reinen Spektakel verkommt, bei dem man nur über eine Reihe von Problemen diskutiert, die die Experten zuvor ausgewählt haben. Die Mehrheit der Bürger spielt dabei eine passive, schweigende, ja sogar apathische Rolle, sie reagieren nur auf die Signale, die man ihnen gibt. Im Schatten dieser politischen Inszenierung wird die reale Politik hinter verschlossenen Türen gemacht: von gewählten Regierungen und Eliten, die vor allem die Interessen der Wirtschaft vertreten.[17]

Crouch macht auf die Ebene der politischen Inszenierung aufmerksam, in der Partizipation zwar dargestellt, für die politischen Prozesse selbst aber immer weniger relevant wird.

Die Verkehrung aber basiert nicht allein auf einem Widerspruch zwischen politischem Handeln und politischem Diskurs oder auf totalisierenden Tendenzen in demokratischen Systemen. Die Verkehrung findet nicht allein auf der Ebene des Tauschs von Demokratie in Autokratie statt.

Vielmehr ist die Verkehrung das Instrument autokratischer, totalisierender Bestrebungen, die alle Formen der Repräsentation, Darstellung und Interpretation betreffen. Die Verkehrung führt zu einer konsequenten Uminterpretation politischen Handelns und politischer Ziele: Begriffe werden umkodiert, Symbole und Praktiken umgenutzt und die Wirklichkeit wird uminterpretiert. Auf diese Weise können Bürger:innen ihre Passivität als Partizipation, ihre Folgsamkeit als Kritik, ihre Zustimmung als Dissidenz bewerten.

Die Regierungszeit von Trump ist dafür ein sehr gutes Beispiel, Wolin hat sie selbst nicht mehr erlebt, er starb 2015. In seiner Analyse bezieht er sich vorwiegend auf die Zeit nach 9/11, auf die Mobilisierung gegen den Terror zur Regierungszeit von George W. Bush. Trump aber installierte und beförderte nicht einfach autokratisches Handeln, indem er seine Machtbefugnisse, die ihm die Verfassung zugestand, gegen diese wendete. Trump entwickelte vielmehr eine politische Rhetorik, die sich der Verkehrung strategisch und konsequent bediente. Er hatte eine komplette Uminterpretation der Wirklichkeit im Sinn, wie es Formulierungen wie ›alternative Fakten‹ oder ›alternative Realität‹ angedeutet haben. So titelte der Kulturkritiker und Journalist Chauncey DeVega in *Salon* »Donald Trump's ›inverted totalitarianism‹: Too bad we didn't heed

Sheldon Wolin's warnings«.[18] DeVega analysiert mit Wolins Beobachtungen im Hintergrund nicht nur Trumps »autoritäre Gesinnung« (»authoritarian bona fides«), sondern auch sein entsprechendes Handeln, indem er sich etwa dafür einsetzte, dass die Vereinigten Staaten internationales Recht und die verfassungsmäßigen Rechte von Muslimen, Araberinnen, Hispanics, Latinas und Afroamerikanern verletzten, den Staat weiter schwächten, Institutionen entmachteten und so weiter. DeVega weist aber gleichzeitig darauf hin, dass diesem Handeln Medien wie Fox News und ein rechter Nachrichten- und Unterhaltungsapparat zur Verfügung stand, der diese alternative, nach umgekehrten Vorzeichen funktionierende Realität – in der die störende Realität nicht mehr nur zu einer Meinung, sondern zu Fake News abgewertet wurde – schuf.

Die Zeit von Trump hat gezeigt, dass die Verkehrung auch funktionieren kann, wenn nicht, wie im Putinregime, die Medien immer stärker kontrolliert und mit Beginn des Kriegs gegen die Ukraine jegliche Form von kritischer Meinungsäußerung kriminalisiert wird. Demokratie erlaubt vielmehr, eine verkehrte Welt innerhalb ihres Systems zu installieren. Defekte demokratische Systeme können auch alternative, verkehrte Welten beinhalten, diese sind nicht einfach das ganz Andere der Demokratie, sie kippen sie auch nicht zwangsläufig in eine demokratisch legitimierte Autokratie, sondern sie dehnen die Möglichkeiten des Demokratischen für ihre eigenen antidemokratischen Interessen immer mehr aus – sie sind ihr eigenes Anderes.

Gleichwohl sich Wolin der theoretischen Zumutung bewusst ist, für post- oder antidemokratische Prozesse den Begriff des ›Totalitarismus‹ in Anspruch zu nehmen, läuft diese Begriffsverwendung dennoch Gefahr, wesentliche Unterschiede zwischen tendenziell autokratischen Strategien und Gemeinschaften in demokratischen Gesellschaften und autokratischen beziehungsweise totalitären Regimen nicht mehr zu diskutieren. Zum anderen, und das ist für meine Analyse unverzichtbar, wird so nicht deutlich, dass es sich bei der Verkehrung ins Gegenteil um eine grundlegende rhetorische Strategie und Praxis handelt, die bereits konstituierendes Merkmal historischer totalitärer und autokratischer Systeme gewesen ist. Demnach irrt Wolin, wenn er schreibt, dass »klassische Formen des Totalitarismus [...] sich offen mit ihren Absichten brüsteten [und] ihre jeweiligen Gesellschaften in eine vorgefasste Totalität«[19] zwängten. Er übersieht, dass die Verkehrung Verfahren dieser historischen Regime war. Denn schon das stalinistische System bediente sich einer totalen Umkehrung: Stalin hat sich nie vor die Menge gestellt und gesagt, dass er nur so tue, als würde er den Kommunismus einführen, in Wirklichkeit jedoch unbedingt an der Macht bleiben wolle und dass er dafür bereit sei, seine Kritiker:innen zu terrorisieren, zu kriminalisieren, zum Tode zu verurteilen und ein riesiges System von Arbeitslagern zu schaffen. Und wie Hannah Arendt in ihrem »Bericht« über den Eichmann-Prozess von 1961 in Jerusalem schreibt, habe sich auch Adolf Eichmann in seinem Schlusswort mit Verweis auf Nietzsche mittels einer »staatlicherseits vorgeschriebenen Umwertung der Werte«[20] verteidigt. Max Horkheimer und Theodor W. Adorno haben diese Verkehrung in ihrer Faschismusanalyse als »falsche Projektion«[21] bezeichnet. Was wir also historisch beobachten können, ist, so meine These, dass totalitäre Systeme mit Umkehrungen arbeiten, dass, mit anderen Worten, die Umkehrung ein Kennzeichen totalitärer Systeme und autokratischer Praktiken ist. Auf diese Weise lässt sich das Kippen und Verkehren als Merkmal ganz unterschiedlicher Grade von autokratischer Macht beschreiben, ja als Machttechnik, die demokratische Prozesse zur Installation autokratischer Formen von Herrschaft nutzt. Sie tut dies, indem politische Repräsentation und hier insbesondere die politische Inszenierung mit der politischen Handlung nicht mehr nur nicht übereinstimmt, sondern indem die Darstellung und Interpretation politischen Handelns programmatisch ins Gegenteil verkehrt werden. Das Politische selbst, die Möglichkeit von Partizipation und Mitbestimmung, wird in einem solchen System auf die Ebene der Repräsentation verschoben, es findet nicht statt, wird aber dargestellt. Das Politische wird so zu einem Element der Selbstrepräsentation, zu einem Inhalt von Propaganda und Ideologie.

4. Totalitarismus als Umkehrung

Einige der schon genannten Verkehrungen, die wir mit Putin assoziieren, finden sich bereits in der stalinistischen Sowjetunion. Auch dort dienten sie vor allem dazu, Macht zu installieren und aufrechtzuerhalten. Dabei war jedoch das, was Stalin mithilfe von Terror durchsetzte, keineswegs durch die Ideologie – Kommunismus beziehungsweise Sozialismus –, die er zu schützen vorgab, gerechtfertigt. Er musste die Realität seines Tuns vielmehr von Beginn an verdecken, weil sie das Gegenteil dessen war, was er öffentlich propagierte.

Manche der Verkehrungen Stalins waren so fundamental, dass sie dauerhaft, noch über seinen Tod hinaus, zu einer verkehrten Welt führten und auch in den anderen Parteidiktaturen Osteuropas nach 1945 weiterbetrieben wurden. Ich möchte vor allem auf zwei Verkehrungen ausführlicher eingehen, weil sie im gegenwärtigen Russland, aber auch global bei vielen Verschwörungstheoretiker:innen, religiösen Fundamentalist:innen und populistischen Parteien anzutreffen sind. Die erste Verkehrung betrifft den Tausch von Kritik/Widerstand gegen Folgsamkeit/Zustimmung, die zweite die Verkehrung von Realismus/Realität und Fiktion. Beide Umkehrungen finden auf diskursiver Ebene statt, sie betreffen argumentative und ästhetische Prozesse, die zentrale Voraussetzungen bilden für die Wahrnehmung und Rezeption von Wirklichkeit. Gleichzeitig zeitigen die Umkehrungen Effekte in der Wirklichkeit, sie sind performativ und werden tausendfach reproduziert. Sie werden durch Wiederholung bestätigt und zu einer Alltagstechnik in autokratischen Regimen, weshalb es keine Rolle spielt, ob Verkehrungen bewusst oder unbewusst in Gang gesetzt werden, ob sie bereits aus einer pathologischen Wahrnehmung von Wirklichkeit resultieren. Wir haben es also nicht nur damit zu tun, dass durch Verkehrungen das eine gesagt und das andere getan wird, sondern dass semantische Verschiebungen in Gang gesetzt werden, nach denen in der Realität gehandelt werden kann beziehungsweise deren Effekte in der Realität genutzt werden können. Im Fall Ivan des Schrecklichen als auch Stalins wurde zum Beispiel auf der Ebene der Darstellung eine Schuldumkehr vorbereitet, die Täter zu Opfern machte. Das zentrale ›Opfer‹ dieser Umkehr in der Sowjetunion war Stalin selbst, er inszenierte sich bekanntlich in den 1930er-Jahren als Ziel einer »faschistischen«, »konterrevolutionären«, »rechten« Verschwörung, die angeblich seinen Tod zum Ziel hatte, und legitimierte damit den Massenterror und die Ermordung seiner politischen Konkurrenten und Weggefährten in der Kommunistischen Partei.

Stalin begann schon ab 1926/27 ein Ritual zur Anwendung zu bringen, das in der Öffentlichkeit als Kritik- und Selbstkritikkampagne ausgewiesen wurde. In öffentlichen Reden führte Stalin, um die Kampagne in die richtige Richtung zu lenken, eine grundlegende Unterscheidung ein: Er grenzte eine »echte bolschewistische« Selbstkritik und Kritik (die er auch »unsere« Kritik und Selbstkritik nannte) von einer anderen, gegenteiligen ab, die er in Anführungszeichen setzte und als »fremd« und »konterrevolutionär« bezeichnete. Letztere tarne sich nur als Kritik, sei in Wirklichkeit aber Sabotage und konterrevolutionäres Verhalten: »Man muß streng unterscheiden zwischen dieser uns *fremden*, zersetzenden antibolschewistischen ›Selbstkritik‹ und *unserer* bolschewistischen Selbstkritik, deren Ziel es ist, den Parteigeist zu pflegen, die Sowjetmacht zu *festigen*, unseren Aufbau zu *verbessern*, unsere Wirtschaftskader zu *stärken*, die Arbeiterklasse zu *wappnen*«.[1] Dieser Logik nach muss Selbstkritik »Kritik« ersetzen, weil »Kritik« von außen kommt und immer schon eine falsche, konterrevolutionäre, negative, zersetzende Kritik ist: Wir benötigen »nicht die bösartige und im Grunde konterrevolutionäre Kritik, die von der Opposition betrieben wird, sondern ehrliche, offene, bolschewistische Selbstkritik.«[2] Die bösartige Kritik ist »Kritik«. Mit der Unterscheidung zwischen Selbstkritik und »Selbstkritik« und damit auch Kritik und »Kritik« zielte Stalin auf die Möglichkeit, die tatsächliche Kritik an seiner Politik als Inszenierung von Kritik, als Als-ob-Kritik und konterrevolutionäre Sabotage zu entwerten und zu kriminalisieren.

Heute finden wir ein solches Kritikverständnis beim ehemaligen Präsidenten Trump, der versuchte, Kritik an seiner Person und an seinen politischen Handlungen und Vorstellungen grundsätzlich als Fake News oder Lüge und darüber hinaus als antipatriotisch zu entwerten. In anderen politischen Systemen wiederum – Ungarn oder Russland etwa – wird heute sogar durch Verfassungsänderungen oder Gesetze dafür gesorgt, dass Kritik an der Politik nicht nur als bösartig, sondern durch eine zusätzliche semantische Verschiebung als Kritik an der Kultur wahrgenommen wird. So schränkte Orbáns Regierung zum Beispiel die Meinungsfreiheit zum Schutze der »Würde der ungarischen Nation« ein, während die russische Regierung durch ein Gesetz ermöglicht hat, dass alle, die das politische System kritisieren, als russophob verurteilt werden können.[3] Kritik am autoritären politischen System, an einer politischen autoritären Strategie, am Krieg gegen die Ukraine soll so als Kritik an der russischen Kultur verstanden werden, mit dem Ziel, nicht nur Ausländer:innen, sondern auch die politische Opposition als Feinde der »eigenen« Kultur und Nation diffamieren und verfolgen zu können.

Neben der Kulturalisierung des Politischen ging es Stalin also auch darum, mit der Unterscheidung von Kritik und »Kritik« so tun zu können, als würde man den Feind des politischen Systems damit entlarven, also nicht »antirussische«, sondern angeblich »antisowjetische« Kritik verfolgen.

Wenn Stalin mit einem Denken von eigen und fremd arbeitete, dann handelte es sich um eine politische Kulturalisierung, die eigen mit bolschewistisch und fremd mit antibolschewistisch übersetzte. Es ging ihm dementsprechend nicht allein um die Erfindung des Feindes, sondern um das Installieren eines auf den Kopf gestellten Kritikverständnisses in einer verkehrten Welt, wofür er sich sogar bei Marx bediente. Marx hatte in *Der achtzehnte Brumaire des Louis Bonaparte* die proletarische Revolution dadurch von anderen Revolutionen unterschieden, dass sie an sich selbst Kritik übe und durch Selbstkritik noch stärker werde. Stalin nahm diese im Grunde konstruktive, selbstregulative Praxis auf, übernahm aber nur die Begriffe, während er die Ausführung und den Zweck grundlegend änderte und ins Gegenteil verkehrte. Stalin konnte so im Namen von Marx theoretisch hehre Ziele verfolgen, die praktisch aber ausschließlich der Sicherung der eigenen Macht dienten.

Mit der Entwertung der tatsächlichen Kritik, also der Kritik an der politischen Führung oder an ökonomischen Maßnahmen, wurden im Gegenzug bedingungsloser Opportunismus und Folgsamkeit als richtige, wahre Kritik aufgewertet. Auch diese Verkehrung erleben wir heute, wenngleich auf eine andere Weise. Verschwörungstheoretiker:innen zum Beispiel ›belohnen‹ ihre Anhänger:innen in der Regel diskursiv, indem sie sie als Dissident:innen, Oppositionelle oder Andersdenkende bezeichnen. Sie belohnen ihre Folgsamkeit, indem sie Folgsamkeit als Kritik am »Mainstream«, der Regierung, den Eliten oder der Wissenschaft zu lesen geben. Wir haben es mit einer diskursiven Gabe zu tun, die als Gegengabe verlangt, an die jeweiligen Ideologeme, Verschwörungen oder Lügen bedingungslos zu glauben.

In beiden Fällen beruht das Kriterium für Kritik auf einer paradoxen Verkehrung. Bei Stalin war Kritik ohne Anführungszeichen eigentlich keine Kritik, sondern Gehorsam, und »Kritik« mit Anführungszeichen – laut Stalin – ein Verbrechen, das einem Hochverrat gleichkam. Mit dieser grundlegenden Inversion von echt und falsch, von authentisch und fiktiv fand in der gesamten sowjetischen Gesellschaft auch eine Verkehrung der Semantik von Autonomie und Heteronomie statt. Kritik im Sinne Stalins war nun nur noch als bloße Affirmation im Sinne einer reinen, folgsamen Bejahung lesbar.

Damit einher ging auch die Kontrolle der Darstellung von Realität. In der Sowjetunion wurde die künstlerische Darstellung von Realität im sogenannten sozialistischen Realismus, der ab 1934 eine staatlich festgelegte Doktrin war und für alle Künste galt, festgelegt. Die Realität sollte im sozialistischen Realismus »widergespiegelt« werden, was zugleich hieß, dass unrealistische, fantastische oder formal experimentelle künstlerische Darstellungen als bourgeois galten und abgelehnt wurden. Künstler:innen wurden zum Beispiel wegen »Formalismus« verhört, verhaftet und politisch verfolgt. Allerdings hatte der sozialistische Realismus mit der Realität nichts zu tun, er war selbst Ideologie und seine Darstellungsweise nur scheinbar realistisch, war sie doch vielmehr idealisierend, teilweise auch utopisch. Eine Darstellung von Fakten, zum Beispiel von Terror, Arbeitslagern, Hungersnot und Willkür, hätte zur Verhaftung geführt. Hannah Arendt schreibt in ihrem Buch über die *Elemente und Ursprünge totalitärer Herrschaft*, dass die »Organisationsformen totalitärer Bewegungen von einer beispiellosen Originalität und Kreativität« seien,[4] wobei die Kreativität und Originalität darin liege, Gesetze einer fiktiven, symbolischen Wirklichkeit in die tatsächliche Welt so zu installieren, dass sich die Menschen in ihrem Alltag bereits nach den Regeln der utopischen, fiktiven Welt bewegen, die sie erst schaffen wollen. Arendt bezieht die Umkehrung demzufolge weniger auf die diskursive Auslöschung von Wirklichkeit als auf eine zeitliche Umkehr, die als Vorwegnahme lesbar ist. Heute wissen wir, dass die als Realismus deklarierte sowjetische Utopie gar nicht angestrebt war, sondern als Ersatz, als Tauschobjekt, für Realität verwendet wurde. Kurzum: Realität wurde durch Realismus dargestellt, wobei der Realismus vor allem Fiktion war, eine Mischung aus Ideologie, Utopie und Sublimation.

Die zentrale Schuldumkehr aber, die Stalin als Opfer einer Verschwörung ausweisen sollte, wurde durch die beiden genannten Umkehrungen lediglich flankiert. Ihren eigentlichen Ausdruck fand sie in den Moskauer Schauprozessen. Die Schauprozesse, von Stalin dirigierte und vom Generalstaatsanwalt Andrej Vyšinskij inszenierte politische Inszenierungen, gaben sich als echte Gerichtsprozesse aus. Dabei arbeitete Vyšinskij selbst auf der Mikroebene der Beweisführung konsequent mit Verkehrungen: Da keine Indizien für die Verschwörung vorlagen, wurde genau dieses Fehlen der Indizien als Nachweis der Verschwörung und damit als Schuldbeweis gewertet, denn Verschwörungen seien nur dann erfolgreich, wenn sie ihre Spuren verwischen. Das Nichtvorhandensein von Indizien wurde zum Beweis der Schuld.[5]

Auch die Grundverkehrung von Realität und Theater, auf der die Schauprozesse basierten, musste mehrfach sichergestellt und trainiert werden. Der russische Publizist Arkadij Vaksberg gibt in seinem Buch *Gnadenlos. Andrej Wyschinski: Mörder im Dienste Stalins* die Erinnerungen von Il'ja Braude, einem der bestellten »Verteidiger« wieder, der die Vorbereitungen zum dritten und letzten Schauprozess von 1938 schildert. Er erinnert sich an eine Probe, die die Umkehrung von Theater/Fiktion und Realität regelrecht zur Schau trug. Braude erzählt, dass die Angeklagten »viermal auf die Bühne des überfüllten Oktobersaals geführt« wurden und glaubten, sie seien in der Verhandlung. Sie widerriefen dort ihre Aussagen, bis sich herausstellte, dass so lange geprobt wurde, bis sie wie gefordert gestanden. Im Saal habe man auf die widerrufenen Aussagen jeweils mit Gelächter reagiert, um den Angeklagten deutlich zu machen, dass der Widerruf, der einzige Moment der Implosion der Inszenierung, nur als Theater, als gelungener Scherz, akzeptiert werde.[6]

Die Angeklagten mussten also die Verkehrung, das Rahmensetting des Gerichts, so lange proben, bis sie ihre Versuche, ansatzweise die Wahrheit zu sagen, aufgaben. Die Wahrheit verkam so lediglich zur Fehlprobe. Die karnevaleske Subversion von ›oben‹ bestand hier im Detail darin, die Subversion von ›unten‹, die Wahrheit, als Witz zu lesen und zu verlachen.

5. Alles wieder zurückdrehen oder radikal ernst nehmen?

Es gibt neben Orwell auch weitere Autor:innen, die die Machttechniken der Verkehrung künstlerisch analysiert haben. So hat etwa auf Stalins Verdrehung von Theater und Realität der russische Theatermacher Nikolaj Evreinov schon in den 1930er-Jahren reagiert. Evreinov hatte noch vor der Revolution, in den 1910er-Jahren, eine Theatralisierung des Lebens gefordert, allerdings meinte er damit, dass jeder Einzelne seinen Theatertrieb beziehungsweise sein Verwandlungsbegehren ausleben solle. In den 1930er-Jahren erkannte er, wie die Theatralisierung des Lebens zu einem verdeckten politischen Instrument gemacht worden war, das die Fähigkeit zur Unterscheidung von Wahrheit und Lüge manipulieren sollte. Evreinov, der während der Schauprozesse im Pariser Exil saß und dort die veröffentlichten (jedoch zensierten) Protokolle der Schauprozesse las, schrieb als Antwort auf das politische Theater ein Stück mit dem Titel *Die Schritte der Nemesis* (*Šagi Nemezidy*). Dieses Theaterstück dreht die Verkehrung noch einmal um: Nicht die Angeklagten gestehen erfundene Verbrechen, sondern die Regisseure der Macht gestehen ihr Theater. Ganz am Schluss seufzt Genrich Jagoda, zunächst Chef der OGPU, dann selbst Angeklagter der Schauprozesse, also selbst gerade von einem politischen Rollentausch betroffen:

> Ich trug mein Leben lang eine Maske – ich gab mich für einen Bolschewiken aus, der ich nie war. [...] Ja und nicht nur ich schauspielerte in dieser Weise, sondern fast alle, angefangen bei Stalin ... Sehen Sie sich nur etwas genauer an, was jetzt auf der Bühne Russlands vor sich geht! Alle Macht-Habenden agieren unter Pseudonymen, wie im Theater, tragen Masken, benutzen Hintertüren, simulieren die treuen Untertanen ihrer Majestät der Partei und scharwenzeln um ihre Führer herum.[1]

Evreinov erkannte Stalins Verkehrung ins Gegenteil als politisches Kalkül: Fakten wurden als maskierte Sabotage deklariert, Lügen (Desinformation) als Wahrheit inszeniert. So erschien beispielsweise 1936 in der *Pravda* während des ersten Schauprozesses ein Artikel mit dem Titel »Über Feinde unter sowjetischer Maske«,[2] im März 1938 hieß es in der *Deutschen Zentral-Zeitung* (DZZ), dem in Moskau erscheinenden deutschsprachigen Organ der Kommunistischen

Partei, »Faschistische Mörder unter der Maske von Ärzten«[3] und im *Bol'ševik* wurde im März 1938, während des dritten Prozesses, verkündet, dass Bucharin zeitlebens die Maske eines Spions getragen hätte. Zugleich wurde der Chef der OGPU, Ežov, für seine Fähigkeit gelobt, »den Feind, egal, wie er sich maskiert, zu erkennen und zur Verantwortung zu ziehen«.[4] Die Maskenmetaphorik war omnipräsent und die angebliche Demaskierung diente vor allem dazu, den Angeklagten die Maske von Verbrechern und Faschisten überzustülpen. Evreinov allerdings rückte alles wieder an seinen Platz. Denn in *Die Schritte der Nemesis* dient Evreinov das Theater gerade nicht zur Demaskierung oder Entlarvung des Feindes, sondern zur Offenlegung des Spiels.

In der Realität war es umgekehrt. Dort wurde insbesondere das Gericht zu einem Format der Inszenierung des Politischen. Die Moskauer Schauprozesse der 1930er-Jahre waren deshalb nicht einfach »nur« eine Veranstaltung, in der politische Gegner zu Tätern gemacht wurden, sondern in der die politische Fiktion des »Urteilens im Namen des Volkes« aufrechterhalten werden sollte. Hier ist an einem zentralen Beispiel zu sehen, wie die Ideologie, die angebliche Diktatur des Proletariats, als eine perfekte Verkehrung aufgeführt wurde, denn »im Namen des Volkes« legitimierte ein Diktator die Ermordung seiner politischen Gegner:innen.

Das Politische fand dabei nur noch auf der Ebene der Repräsentation statt, es wurde nur noch dargestellt. Damit ist auch die von Walter Benjamin gezogene Unterscheidung, die er nach seiner Reise in die Sowjetunion in *Das Kunstwerk im Zeitalter seiner technischen Reproduzierbarkeit* traf, zu überdenken. Benjamin hatte zwischen der faschistischen »Ästhetisierung des Politischen« und, in Verkennung der tatsächlichen Lage, der kommunistischen »Politisierung der Kunst« unterschieden, eine Unterscheidung, deren normative Ebene bis heute Gültigkeit besitzt. Dabei war es Benjamin wichtig zu betonen, dass sich die Kunst nicht an jenen Prozessen beteiligen solle, die der Ästhetisierung des Politischen zugrunde liegen und die die Gefühle der Masse manipulieren würden. Doch hatte er übersehen, dass auch in der Sowjetunion ab Ende der 1920er eine Ästhetisierung des Politischen überwog. Das Theater der Verkehrung diente bei der Ästhetisierung des Politischen nicht nur der Sicherung von Macht, sondern auch dem Versuch, dargestellte Partizipation, dargestellte Emanzipation, dargestellte Selbsttätigkeit, das heißt Diskursphänomene und Ideologie, als Wirklichkeit zu begreifen. Das machte es auch so reizvoll, sich mit der Ideologie zu identifizieren, weil das angestrebte politische Ideal nur dort stattfand, während es in der erfahrbaren Wirklichkeit in sein Gegenteil, in Terror, verkehrt wurde.

Im gegenwärtigen Russland gibt es keine einheitliche Ideologie mehr, vielmehr ein Konglomerat neostalinistischer, neofaschistischer Theoreme, derer sich Putin und sein Kreis bedienen, wenn es um die Durchsetzung ihrer nationalistischen, konservativ-ultraorthodoxen und imperialen Gesinnung geht. Unterschiedliche Künstler:innen haben die damit verbundenen Verkehrungen analysiert, die – lange bevor Russland die Krym okkupierte – die staatliche Propaganda zu bestimmen begannen. Als einer der radikalsten künstlerischen Kritiker gilt Vladimir Sorokin, der die sowjetische und putinsche Umkehr von Realität und Fiktion in seinen Romanen vielfach dargestellt hat. Anders als Evreinov rückt er nicht wieder alles an seinen Platz zurück, sondern schreibt aus der Perspektive derjenigen, die die Umkehr zur Installation ihres Regimes benötigen.

Besonders radikal ist diese Perspektive in seinem Roman *Der Tag des Opritschniks*, einem Roman, der im Jahr 2027 in dem von einer Mauer umgebenen Großrussland spielt. Die Verkehrung beginnt schon beim Genre: Eigentlich ist der Roman eine Dystopie und eigentlich spielt er in der Zukunft. Allerdings ist diese Zukunft eine Art Mittelalter wie das von Ivan dem Schrecklichen, das von einem Gossudar, einem »Herren«, und seinen Opritschniks in Schach gehalten wird. Und weil der Roman aus der Perspektive eines Opritschniks geschrieben ist, ist er auch keine Dystopie, sondern die Utopie rechter, nationalistischer russischer Ideologen. Sorokin verkehrt hier im Grunde nichts, sondern radikalisiert die Verkehrungen anderer, etwa wie im Roman *Das dritte Imperium. Russland, wie es sein soll* (russ. *Tret'ja imperija. Rossija, kotoraja dolžna byt'*, 2006) vom Oligarchen und Politiker Michail Jurev. Bei Jurev berichtet ein fiktiver brasilianischer Soziologe, der 2053 Russland besucht, um die russische Geschichte des 21. Jahrhunderts zu erforschen, unter anderem davon, dass Russland 2014 alle völkerrechtlichen Verträge aufgekündigt habe, aus allen internationalen Organisationen ausgetreten sei und 2019 einen atomaren Erstschlag gegen die USA verübt und Europa annektiert habe. Jurev schreibt dazu im Nachwort: »Alles, was in diesem Buch beschrieben wird, ist die beste Zukunft, die unserem Land passieren kann.«[5]

Sorokin stellt diese »beste Zukunft« des Landes in all ihren Konsequenzen als Fortführung der Gegenwart dar, wobei selbst seine Anspielung auf das Ideal einer Gesellschaft in der Zukunft, die ihre Praktiken aus der Zeit von Ivan dem Schrecklichen holt, ihre Entsprechung im gegenwärtigen Russland findet. Die »konservative Revolution« (*konservativnaja revoljucija*), für die der nationalistische Polittechnologe Alexander Dugin mit seinem gleichnamigen Buch von 1994 steht, strebt eine Zukunft an, die sich auf längst überholte christlich-fundamentalistische und nationale ›Werte‹ zurückbesinnt und diese mithilfe von Feindbildern und Terror zu installieren bereit ist. In Sorokins Roman wird dieser Gegensatz in unterschiedlichen Szenen geschildert. Eine davon ist besonders erschütternd, weil sie zeigt, welche Funktion die Verkehrung von Diskurs und Realität in der Gesellschaft der Opritschniks hat:

Gleich zu Beginn des Romans führen die Opritschniks vor, wie sie mit Vaterlandsverräter:innen umgehen. Sie ›besuchen‹ das Haus eines angeblichen Volksfeindes, binnen kürzester Zeit werden die Kinder eingesammelt, um, noch bevor die Eltern tot sind, ins Waisenhaus gebracht zu werden. Der Ehemann und Vater wird brutal erhängt, die Frau von der ganzen Gruppe vergewaltigt. Aus der Perspektive des Opritschniks wird die Vergewaltigung so beschrieben:

> Es zu tun erquickt und befeuert uns. Daraus schöpfen wir Saft und Kraft, die Feinde des Russländischen Staates zu bezwingen. Gründlichkeit ist mithin geboten. Dem Ranghöchsten steht es zu, als Erster beizugehen und *zu kommen*. Wie es aussieht, bin ich das. Die frischgebackene Witwe windet sich und strampelt auf ihrem Tisch, schreit und stöhnt. Ich reiße ihr

die Klamotten vom Leib: erst das Kleid, dann das vertrackt gefältelte Spitzenunterkleid. Pojarok und Siwolai knicken ihre weißen, glatten, wohlgepflegten Beine zur Seite, halten sie in der Schwebe. Für die Beine der Weiber hab ich was übrig, die Schenkelchen im Besonderen – und erst die Zehen! Die hier hat blasse kühle Schenkel, aber Zehen, die zart und wohlgeformt sind, mit geputzten, rosa lackierten Nägeln. Ohnmächtig zucken die Beine unter den kräftigen Händen der Opritschniki, und die Zehlein, die kleinen, beben ganz sachte vor Angst und Anspannung, sträuben sich. Pojarok und Siwolai wissen um meine Schwäche: Schon schwebt die zarte Weibersohle nah vor meinem Mund, ich nehme die bebenden Zehlein zwischen die Lippen, während ich meinen nackten *Schwan* in ihren Schoß versenke.[6]

Ein Geheimdienstler nach dem anderen vergewaltigt die Frau des angeblichen »Volksverräters«, wobei einem der Opritschniks dabei ein Buch aus der Hose rutscht – Titel: »Heimliche Märchen«. Sorokin platziert diese Buch-Szene mitten in die Vergewaltigung. Er konfrontiert die brutale Realität mit dem Inhalt eines Buchs. Worum es in diesem Buch geht, erfahren wir nur über die Reaktion des Chef-Opritschniks, der gerade mit seiner Vergewaltigung fertig ist. Als er das Buch aufschlägt, erschrickt er wegen der Verwendung des Wortes »Schwanz«, das er als schlüpfrigen Ausdruck aus der Vergangenheit markiert. Daraufhin entspinnt sich folgender Wortwechsel: »›Das ist staatsfeindlicher Unflat. Solcher Bücher wegen hat die Kanzlei für Wort und Schrift ihre Säuberung abgekriegt. Hast du es etwa von da mitgehen lassen? Unser Gossudar duldet keine unzüchtigen Wörter.‹ ›Weiß ich doch.‹ ›Wenn du es weißt, warum verbrennst du die Schwarte dann nicht?‹«

Es ist offensichtlich, worauf Sorokin anspielt: auf die Empfindlichkeit totalitärer Systeme, die täglich morden, terrorisieren und drangsalieren, gegenüber dem Wort. In Sorokins Roman sind es obszöne Wörter, an anderer Stelle ist es die Darstellung der Realität. Oder anders gesagt: Während es in Ordnung ist, dass der »Schwan« eine Frau vergewaltigt, verbreitet das geschriebene Wort »Schwanz« Angst und Schrecken. Oder noch mal anders: Während in der Ukraine ein brutaler Angriffskrieg geführt wird, Frauen vergewaltigt und Männer erschossen werden, steht in Moskau die Erwähnung des Wortes ›Krieg‹ unter Strafe.

Hannah Arendt hatte die Angst totalitärer Systeme vor der Darstellung der Wahrheit in ihrem Essay über »Wahrheit und Politik« in diesem Sinn auch als Verkehrung beschrieben. Sie arbeitete darin Unterschiede zwischen dem Lügen in der sowjetischen Diktatur und im Nationalsozialismus und dem »organisierte[n] Lügen«[7] in den USA im Kontext der Veröffentlichung der Pentagon Papers heraus. In »Hitler-Deutschland oder in Stalins Rußland [sei es] erheblich gefährlicher [gewesen], von Konzentrations- und Vernichtungslagern, deren Existenz kein Geheimnis war, zu reden, als ›ketzerische‹ Ansichten über die jeweiligen Ideologien – Antisemitismus, Rassismus, Kommunismus – zu hegen und zu äußern«.[8] Die Realität zu benennen, konnte als konterrevolutionäre Tätigkeit eingestuft werden, als Sabotage oder Terrorismus. Zugleich wurde diese genannte Realität nicht als Meinung toleriert, sondern als Fiktion, Halluzination oder Lüge entwertet. Das heißt: Das eigentliche Verbrechen bleibt undargestellt, ungenannt; sobald es aber zu seiner Darstellung beziehungsweise Nennung kommt, wird diese Darstellung selbst zum Verbrechen. So kann das Verbrecherische – Terror, Mord und Gewalt – aus der Realität in den Diskurs verschoben und dort kontrolliert werden.

6. Umwertung der Werte: Reaktion vs. Aktion

Verkehrungen werden auf unterschiedlichen Ebenen und in unterschiedlichen politischen Systemen als Machttechniken genutzt. Sie benötigen keine totalitären politischen Situationen mehr, keine Höhle und kein Bathyskaph. Verkehrte Welten existieren auch innerhalb von pluralen Gesellschaften, ohne dabei notwendigerweise die gesamte Gesellschaft zu erfassen. Verkehrte Welten sind allerdings nicht das Andere in unserer Gesellschaft, sie sind vielmehr, mit Friedrich Nietzsche gedacht, der Beginn unserer eigenen Welt beziehungsweise Kultur. Schon vor Bachtin hatte Nietzsche die vielleicht umfassendste Theorie von Verkehrungen ausgearbeitet, die »Umwertung der Werte«. Ihm ging es nicht um Feste oder Rituale, sondern um Verkehrungen als historische und historiografische Praxis. So wies Nietzsche 1887 in der *Genealogie der Moral* darauf hin, dass die vorherrschende christliche Moral auf einer Umwertung der Werte beruhe. Und mehr noch, Nietzsche schrieb, dass die jüdisch-christliche Kultur im Allgemeinen eine Geschichte der qualitativen Umkehrung sei. So gesehen hat die Verkehrung nicht nur eine Geschichte, sondern sie ist ein Ausgangspunkt von Geschichtsschreibung. Wir leben, nehmen wir Nietzsches Beobachtung ernst, in dieser Grundverkehrung.

Mich interessiert in Nietzsches *Genealogie der Moral* vor allem eine Szene. Es ist eine Höhlenszene, aber keine wie die aus Platos Höhlengleichnis. Da geht kein Philosoph aus der Höhle heraus und bringt die unliebsame Wahrheit ans Licht, vielmehr geht jemand in die Höhle hinein, um herauszufinden, wie das Werteumschmieden darin vonstatten geht. Genau genommen schickt Nietzsche einen Hörer in die Höhle, der in die Tiefe des christlichen Werteumschmiedens hinabhören soll. Er hört, wie dort die »Schwäche zum Verdienste«, die »Ohnmacht, die nicht vergilt« zur »Güte«, die »Unterwerfung vor Denen, die man hasst« zum »Gehorsam«, »die Feigheit« zu »Geduld« und, gleichsam als »Meisterstück« der Umwertung, die Rache zur Gerechtigkeit umgelogen wird.[1] Die Wortbeispiele oder Werte, die Nietzsche anführt, sind keine klaren Gegensätze. Sie sind vielmehr umgekehrte Bewertungen, auf den Kopf gestellte Axiologien, denn die Schwäche wird nicht selbst zur Stärke, sie wird nur als solche bewertet, als etwas Positives, als Verdienst. Ebenso ist es mit der Ohnmacht, die nicht in Wachheit oder Aktion verkehrt wird oder zu Widerstand, sie wird zur Güte, zu etwas Großzügigem gegenüber der unterdrückenden, die Ohnmacht hervorrufenden Macht uminterpretiert. Von Nietzsche angetrieben, weiter in die Höhle hineinzuhören und zu beantworten, wie der Triumph einer solchen Gerechtigkeit denn zu erlangen sei, ruft der Hörer schließlich selbst fragend in die Höhle herunter: »Wie? Höre ich recht?«[2] In diesem »Höre ich recht« ist, wie Nietzsche bereits in *Also sprach Zarathustra* (1883) anmerkte, »höre ich rächt« (Rache) mitzuhören.[3] In der Gerechtigkeit klingt die Rache an, die sie entstehen ließ.

Bevor Nietzsche vom reaktiven Menschen schrieb, hatte er im Winter 1886/87 Fjodor Dostoevskijs *Aufzeichnungen aus dem Kellerloch* (*Zapiski iz podpol'ja*) gelesen.[4] Zwar las er sie in einer stark gekürzten und vom Herausgeber stellenweise verhunzten französischen Übersetzung, *L'esprit souterrain*, die 1886 erschienen war.[5] Aber der Charakter des Kellerlochmenschen, der Nietzsche vermutlich als Prototyp des reaktiven Menschen diente, war auch in jener Fassung erkennbar, die Nietzsche vorlag. Die Ähnlichkeit beider Entwürfe zeigt sich insbesondere an jener Stelle, wo es um Umdeutungs- und Umwertungsprozesse von Rache in Gerechtigkeit geht.[6] Beim Kellerlochmenschen heißt es:

> Sie erinnern sich: vorhin sprach ich von der Rache (Sie haben es bestimmt nicht verstehen können). Da hieß es: der Mensch rächt sich, weil er es für gerecht hält. Folglich fand er einen primären Grund, nämlich: die Gerechtigkeit. Also ist er rundum beruhigt und rächt sich friedlich und erfolgreich in der tiefen Überzeugung, eine ehrliche und gerechte Tat zu vollbringen.[7]

Es ist gewissermaßen Nietzsches poetologisches Dazutun, dass er die Umwertung in der Höhle stattfinden lässt, wo sie sich wegen des Echos selbst unhörbar macht, in der Schrift lässt er sie aber als Differenz und nicht als Opposition auftreten.

Beiden, Dostoevskij wie Nietzsche, geht es bei den Umwertungen auch um eine spezifische chronologische Umkehr. Was Dostoevskij die Schaffung des »primären Grundes« nennt, beschreibt Nietzsche als Schaffung eines Grundbegriffs, eines Grundes, von dem aus man etwas oder sich selbst als Gegenstück entwerfen kann. So wird »Rache« bei Nietzsche im Nachhinein unter dem »Namen der Gerechtigkeit geheiligt«[8]. Gerechtigkeit wird also als primärer Grund von Rache erst geschaffen.

Auch wenn sich die aufgerufenen Konzepte von Dostoevskij und Nietzsche gleichen, lässt Dostoevskij seinen Kellerlochmenschen beim

Finden primärer Gründe letztlich scheitern. Die Verkehrung von Ursache und Wirkung klappt nicht, der Protagonist (er-)findet entweder nicht ausreichend Gründe für sein Handeln oder er versinkt regelrecht in einer Kette immer weiterer, immer noch primärerer Gründe: »Wo sind meine primären Gründe, auf die ich mich stützen kann, wo meine Ursachen? Woher nehme ich sie? Ich übe mich im Denken, folglich zieht bei mir jeder primäre Grund einen anderen nach sich, der noch primärer ist, und so geht es weiter bis ins Endlose«. Schließlich bleibt der primäre Grund unauffindbar, bei näherem Betrachten, so fügt er hinzu, »verflüchtigt sich das Objekt und die Gründe verdunsten«.[9]

Aber auch wenn der Kellerlochmensch scheitert, stellt die Erfindung des Grundes im Nachhinein für ihn doch die Möglichkeit dar, das schon Getane oder Gesagte in einem anderen Lichte erscheinen zu lassen. Wonach der Kellerlochmensch also strebt, ist eine rückwirkend stattfindende Konstruktion von Vergangenheit für ein Ereignis in der Gegenwart. Man könnte diesen Prozess auch als Ex-Post-Intentionalität oder, wie bei Nietzsche angelegt, als Inversion oder Reaktivität beschreiben. Dabei geht es zum einen um eine Umbewertung des Gesagten und zum anderen um eine nachträgliche Erfindung einer Ursache, eines Grundes, eines Motivs oder eines Anfangs.

Eine kritische Genealogie, wie Nietzsche sie vor Augen hatte, geht dem Genealogischen, der Suche nach dem Anfang, also selbst auf den Grund, wenn Vergangenheit zu einer durch die Gegenwart motivierten Erfindung wird. Ein Fragment Nietzsches, in dem die Idee der Inversion von Ursache und Wirkung sowie innen und außen nicht nur gezeigt, sondern auch thematisiert wird, ist, wie Paul de Man zeigte, hierfür von besonderer Bedeutung. Es handelt sich um das Fragment über den »Phänomenalismus der ›inneren Welt‹«,[10] worin Nietzsche eine »chronologische Umdrehung« beschreibt, bei der »die Ursache später ins Bewußtsein tritt, als die Wirkung.[11] [...] Die Grundthatsache der ›inneren Erfahrung‹ ist, daß die Ursache imaginirt wird, nachdem die Wirkung erfolgt ist«.[12] De Man erkennt in diesem Abschnitt eine Anspielung Nietzsches auf die rhetorische Figur der Metalepse, die für Nietzsche das Paradigma der Sprache überhaupt sei.[13] Die Figur der Metalepse, der Umkehrung von Vorher und Nachher, von Wirkung und Ursache, ziele darauf ab, »das als Effekt aufzuzeigen, was als Ursache vorausgesetzt werden muß«.[14] In den *Allegorien des Lesens* zeigt de Man, wie Nietzsche – nicht nur in der *Genealogie der Moral* – die Polaritäten von Ursache und Wirkung und damit verbunden auch von innen und außen dekonstruierte, indem er ihren Zusammenhang als einen medialen beschrieb, als ein »sprachliches Ereignis«[15] von Inversion. Sprache ist demzufolge in der Lage, Setzungen vorzunehmen, deren Voraussetzungen sie im Gesagten bereits impliziert.

Schon zuvor, vor der Szene in der Höhle, hatte Nietzsche ausgeführt, dass der Mensch der Reaktion, des Ressentiments, der Rancune den Feind, gegen den er anschreibt, erst schaffe. Genau darin bestehe seine schöpferische Tat, sein kreativer Akt: nämlich in der Erfindung des Feindes, des Bösen, »und zwar als Grundbegriff, von dem aus er sich als Nachbild und Gegenstück nun auch noch einen ›Guten‹ ausdenkt – sich selbst!«[16] Das Reagieren, nicht etwa das Agieren des Menschen, wird aus der Umwertung der Werte von Gut und Böse hergeleitet, worin Nietzsche die »schöpferische Tat des Ressentiments«[17] erkennt. Damit verknüpft Nietzsche die qualitative Umwertung der Werte mit der Umkehr von Ursache und Wirkung.[18]

Auch Sigmund Freud wird kurze Zeit später, in der *Traumdeutung*, von einer »Umwertung aller psychischen Werte« schreiben, die er für die Traumarbeit benötigt. Die »Umkehrung, Verwandlung ins Gegenteil« sieht er als das vielseitigste Mittel der Traumarbeit an, das Interpretationen von Trauminhalten ständig in die Irre führe. Es zu entschlüsseln verlange, die »Traumzensur« zu verstehen, die Dingvorstellungen und Affekte im Traum in ihr Gegenteil verkehre.[19] Freud sucht nicht wie Nietzsche nach einem Lektüremodus von Geschichte, vielmehr will er das Unbewusste lesen, bei dem man stets mit einer Verkehrung ins Gegenteil rechnen müsse. Wer also das Unbewusste analysiere, so seine Folgerung, liege nicht falsch, wenn er seinerseits wieder umkehre. Dabei entdeckt auch Freud besonders häufig zeitliche Verkehrungen, die die Abfolge von Ursache und Wirkung, vorher und nachher betreffen, oder solche, die Wünsche in Ängste kehren, Aktion in Reaktion.[20] Letzteres, die Umkehr von Aktion und Reaktion, ist bei Freud auch ein Mechanismus der Projektion: Etwas, das ich mir innerlich wünsche, wird so behandelt beziehungsweise erzählt, als käme es von außen, als würde es von außen auf mich einwirken und müsse deshalb abgewehrt werden. In der Regel betrifft dies Wünsche, die nicht gesellschaftskonform sind und deshalb individuell verdrängt werden. Freud bringt als Beispiel eine Hassprojektion auf einen anderen, die er an Paranoikern beobachtet habe: »Er haßt mich (verfolgt mich), was mich dann berechtigen wird, ihn zu hassen. Das treibende unbewußte Gefühl erscheint so als Folgerung aus einer äußern Wahrnehmung«.[21] Mit anderen Worten: Der eigene Wunsch, die eigene Aktion werden verdrängt, projiziert und durch eine erfundene Reaktion, als eine Reaktion auf den Hass des Anderen, letztlich legitimiert.

Die Reaktion bei Freud und das Reaktive bei Nietzsche liegen also eng beisammen, aber sie sind nicht deckungsgleich. Während das Reaktive bei Nietzsche das Handeln überhaupt legitimiert, weil der Antrieb des Handelns stets das Ressentiment ist, die Erfindung des Feindes, ist die Reaktion bei Freud eine aktive Abwehr dessen, was ich mir eigentlich selbst wünsche. Das Subjekt konstituiert sich bei Nietzsche immer über den Anderen, der als das Gegenteil dessen, was das Subjekt selbst sein will, konzipiert wird. Bei Freud erfolgt die (pathologische) Subjektkonzeption, zum Beispiel die des Paranoikers, darüber, sich selbst auf den Anderen zu projizieren, um das, was man an sich selbst nicht zum Vorschein bringt, im Anderen hassen zu können.[22] Auf diese Weise wird der Andere nicht zum Gegenteil gemacht, sondern die Adressierung wird umgekehrt: Ich adressiere mich selbst im Anderen.

7. Im Krieg: Wenn Aktion zu Reaktion wird

Auch im Krieg Russlands gegen die Ukraine haben wir es mit einer Aktiv-Reaktiv-Verkehrung zu tun, die Teil der russischen Desinformationsstrategie ist. Der Osteuropahistoriker Karl Schlögel hat die Folgen dieses Spins schon kurz vor Beginn des Angriffskriegs im Februar 2022 beschrieben: »Das russische Verhalten wird nur als Reaktion auf Aktionen des Westens erklärt, nicht als Handeln aus eigenem imperialem Antrieb.«[1] Schlögel bringt hier auf den Punkt, was es bedeutet, Aktion immer schon als Reaktion zu lesen.

Wie diese Verkehrung von russischer Seite aus produziert worden ist, lässt sich Schritt für Schritt nachvollziehen, wenn man Reden der russischen Regierung aus den letzten Jahren liest und die staatliche Desinformation in den Medien verfolgt. Schauen wir uns dafür die Rhetorik der Rechtfertigung des Krieges im Hinblick auf die konkrete Verwendung der Begriffe ›Aktion‹ und ›Reaktion‹ an: Zu Beginn des Krieges, am 1. März 2022, sprach der russische Außenminister Lavrov, zugeschaltet aus Moskau, vor dem

UN-Menschenrechtsrat in Genf (die Delegierten verließen größtenteils den Saal) von der atomaren Bedrohung durch die Ukraine und begründete den Krieg damit, dass Russland »nicht nicht reagieren kann auf diese reale Bedrohung«.[2] Es ist bemerkenswert, wie defensiv Lavrov hier argumentiert, indem er mit der doppelten Verneinung – »nicht nicht reagieren« zu können – jegliches eigenes proaktives Handeln aus der Aussage entfernt. Er suggeriert eine existenzielle Gefahr für Russ:innen, die aus der Ukraine komme. Dafür wird die angebliche Bedrohung, auf die man »nicht nicht reagieren« könne, als vorgängig erzeugt angesehen, obwohl die russische Besetzung von ukrainischem Territorium bereits 2014 begonnen hat. Mit Nietzsche gedacht, bereitet die Darstellung des Westens als Bedrohung die Kriegsaggression vor, sie funktioniert in Form einer Metalepse, die im Nachhinein erzeugt, was das vorgängige Handeln rechtfertigt.

Die Rhetorik von der Notwendigkeit der Reaktion begann in Russland aber nicht erst mit Beginn des Krieges, sie wurde bereits zuvor schrittweise aufgebaut: als bedachtsame Passivität, als Ertragen einer Kränkung. So sprach Putin schon am 21. April 2021 in einer Rede vor der russischen Duma von »unfreundlichen Aktionen gegenüber Russland« und kündigte »Reaktionen« an: »Wir verhalten uns in dieser Hinsicht in höchstem Maße zurückhaltend, ja, wirklich, ohne Ironie, ich würde sagen, bescheiden. Wir reagieren oft nicht nur nicht auf unfreundliche Handlungen, sondern sogar auf völlige Unhöflichkeit.«[3] Hier wird also zum einen eine gegnerische Aktion des Westens behauptet (wir werden gleich noch sehen, was er eigentlich damit meint) und zum zweiten ein besonnenes Nichtreagieren, ja sogar ein emotionales Aushalten dieser ›Angriffe‹. Und weiter mit Putin: »Aber sie haben es auf Russland abgesehen – hier und da ohne jeglichen Grund.«[4] Mit »sie« meinte Putin den Westen und westliche Akteure in der Ukraine und Belarus. Im Anschluss prognostizierte er schon damals, dass auf das Nichtreagieren bald ein Reagieren folgen müsse: »Die Organisatoren jeglicher Provokation, die unsere grundlegenden Sicherheitsinteressen bedrohen, werden bereuen, was sie getan haben, so wie sie schon lange nichts mehr bereut haben.«[5] Mit »Provokation« bezog sich Putin sowohl auf den Euromajdan 2013/14 in der Ukraine, den er erneut »Staatsstreich« (*gosperevot*) nannte, und auf die Proteste in Belarus, wobei er von einem angeblichen Putschversuch und der geplanten Ermordung Lukaschenkas redete, die, da Reaktionen des Westens angeblich ausblieben, von ihm als Zeichen der Schuld des Letzteren gewertet wurden: »Selbst solche eklatanten Aktionen werden vom sogenannten kollektiven Westen nicht verurteilt, niemand scheint sie zu bemerken. [...] Die Praxis der Inszenierung von Staatsstreichen und der Planung politischer Attentate, auch auf Spitzenbeamte, ist zu weit gegangen. Alle Grenzen sind bereits überschritten worden.«[6] Der Erste Kanal, der populärste regierungstreue russische Fernsehsender, ergänzte die Rede um folgenden Kommentar: »Vladimir Putin bezeichnete Versuche, sich in die inneren Angelegenheiten von Staaten einzumischen, als inakzeptabel und nannte als Beispiel die versuchte Ermordung von Aleksander Lukaschenko und den Staatsstreich in der Ukraine und erläuterte die Grundsätze des russischen Verhaltens auf der internationalen Bühne.«[7]

Der gerade zitierten Rede Putins waren am 15. April 2021 Sanktionen der USA vorausgegangen. Die US-Regierung hatte den russischen Auslandsgeheimdienst SVR des Solarwinds-Cyberangriffs beschuldigt, der weltweit in über 16 000 Computersysteme eingedrungen war, sowie sich in die US-Wahlen des Vorjahrs eingemischt zu haben.[8] Zudem wurde die russische Besetzung der Krym erneut zum Anlass von Sanktionen. Putin jedoch verkehrte nicht nur konsequent die Situation in der Vergangenheit, sondern legte auch bereits die Voraussetzungen für eine Verkehrung in der Zukunft: Jede Art von Angriff sollte als Reaktion, als Ende einer aggressiven Demütigung, im Grunde als Empowerment vorinterpretiert werden. Die Rede von der potenziellen Reaktion, die im Westen bereut werde, so wie schon lange nichts mehr bereut worden sei, sollte bereits ein künftiges Ereignis rechtfertigen. Liest man Putins Reden aus heutiger Perspektive, also mit dem Wissen darum, dass die Ankündigung tatsächlich so eingetreten ist, zeigt sich, dass die Verkehrung von Ursache und Wirkung nicht nur darauf angelegt ist, die Gegenwart durch die nachträglich neu interpretierte Vergangenheit umzudeuten, vielmehr richten sich Uminterpretationen der Vergangenheit auf erst noch geplante, zukünftige Ereignisse und rechtfertigen diese bereits, bevor sie überhaupt eingetreten sind.

Auch Putins Aufsatz »Über die historische Einheit der Russen und Ukrainer« (»Ob istoričeskom edinstve russkich i ukraincev«, 2021) ist in ebendiesem Sinn nicht nur ein Geschichtstraktat, sondern eine Ankündigung von Zukunft. Putin stellt in dem Aufsatz, der auf der russischen Regierungsseite im Internet veröffentlicht und weltweit an Institutionen und Historiker:innen verschickt wurde, mit einer pseudohistorischen Begründung die Existenz der Ukraine als eigene Nation nicht nur infrage, sondern schätzt sie ab 2014 als »antirussisches« Projekt des Westens ein, den er unter anderem einen »externen Gönner« und »Meister«

der Ukraine nennt sowie als den eigentlichen »Autor« des »antirussischen« Projekts bezeichnet. Die ukrainische Regierung bezeichnet Putin als eine »willige Geisel des geopolitischen Willens anderer« und Russland als in »vollständiger Abhängigkeit« und unter »direkter externer Kontrolle« stehend.[9]

Tauscht man in dem Aufsatz an einigen Stellen die Ländernamen aus, also tauscht Ukraine gegen Russland ein, dann beschreibt Putin sehr direkt die russische Strategie: So heißt es darin etwa, die Ukraine tue so, als wäre sie ein »Opfer äußerer Aggression«, das heißt von Russland. Andere Sätze aber machen deutlich, dass die Verkehrung nur ein Instrument ist, um den Krieg schon im Vorhinein zu legitimieren. Denn Putin schreibt, dass es keine »Übertreibung« sei, »zu sagen, dass der Weg der Zwangsassimilation, die Bildung eines ethnisch reinen ukrainischen Staates, der gegenüber Russland aggressiv ist, in seinen Folgen mit dem Einsatz von Massenvernichtungswaffen gegen uns vergleichbar ist«.[10] So wird die eigene spätere Aktion, und zwar die militärische, bereits als Antwort auf diejenige der Ukraine in der Vergangenheit projiziert. In einem abschließenden Schritt nimmt Putin die russische ›Reaktion‹ auf diesen durch Umwertung herbeigeführten Angriff auch hier bereits vorweg: »Und wir werden niemals zulassen, dass unsere historischen Gebiete und Menschen, die uns nahestehen, gegen Russland eingesetzt werden. Und jenen, die einen solchen Versuch unternehmen, möchte ich sagen, dass sie auf diese Weise ihr eigenes Land zerstören werden.«[11] Geschichte ist in diesem Text nur Mittel einer rhetorischen »Spezialoperation«, die einen Grund, eine Ursache für die eigene Aktion erfindet.

Die Beispiele zeigen, dass die Verkehrung von Aktion und Reaktion auch einer Umkehrung der Gefühle dient. Besonders anschaulich wird das in der redaktionellen Leitlinie einer Fernsehsendung, die seit März 2022 im russischen Ersten Kanal ausgestrahlt wird und »Anti-Fake« heißt. Das Motto lautet: »Der Westen verfolgt Russland mit einem bestialischen Hass. Videos, die einen in einen Gefühlstaumel versetzen, können sich in Wirklichkeit als seelenlose und zynische Fälschungen entpuppen.«[12] In dieser Sendung wird der angebliche Hass des Westens zum Motor einer Gefühlsumkehr, die den Blick vom Krieg und von den Opfern in der Ukraine ablenkt. Stattdessen wird der dem Westen untergeschobene Hass zu einer Möglichkeit, zurückhassen zu können und den Hass als eigenen Wunsch zu verdrängen.

Nicht anders verfährt, wie das der Slawist Riccardo Nicolosi analysiert hat, Putin selbst, wenn er von Russland als einem »zutiefst gekränkte[n] Land [spricht], das vom ›Westen‹ wiederholt beleidigt und betrogen worden sei«.[13] Nicolosi nennt dies eine Affektrhetorik, deren Ziel die Gefühle der Zuhörer:innen sind. Die Reden Putins kalkulieren als ihren Effekt ein, dass sich Russ:innen gegenüber dem Westen als von diesem gedemütigt, gekränkt und gehasst wahrnehmen, während sie selbst es sind, die diese Emotionen auf den Westen projizieren und diesen als moralisch und politisch unterlegen, als verdorben und diktatorisch, beleidigen. Mit Freud gedacht, wird eine permanente Projektion der eigenen Aggression auf den Westen betrieben. Es ist in dieser Logik die eigene Aggression, die Putin seinen Zuhörer:innen als westliche Aggression zu lesen gibt, von der man sich durch die »Spezialoperation« zu befreien sucht.[14]

8. Enteignung – Aneignung

Mit Verkehrungen ins Gegenteil wird unterdessen nicht nur versucht, ein abwertendes Othering zu betreiben, eine Entwertung des Anderen, sondern Verkehrungen arbeiten, wie Nietzsche das schon andeutete, vor allem auch mit dem Versuch der indirekten Selbstaufwertung. In diesem Sinn sind Verkehrungen immer auch ein Akt einer Selbstinszenierung, die über einen Umweg erfolgt: Jemand inszeniert sich indirekt als etwas Positives, indem jemand anderes durch diffamierende Rede und Gestik abgewertet wird. Die Selbstadressierung bleibt dabei unsichtbar, sie erscheint nur ex negativo. Wenn Putin also andere als Faschist:innen beschimpft, wie er das gerade mit Ukrainer:innen und der eigenen Opposition macht, will er sich zugleich als Antifaschist inszenieren und Russland als antifaschistisch. Eine solche indirekte Selbstinszenierung ist nicht mit einem Rollentausch wie beim Karneval vergleichbar. Es geht nicht darum, kurzzeitig einen Anderen zu spielen, als Pleb zum Beispiel einen König zu mimen, oder – wie bei Ivan dem Schrecklichen – sich mit der gegensätzlichen Identität eines

Anderen, etwa eines Bettlers, zu tarnen. Vielmehr funktioniert die Selbstaufwertung bei der Verkehrung durch gleichzeitige Enteignung und Aneignung. Putin adressiert, was er selbst ist, an einen Anderen, um dessen Eigenschaften für sich zu beanspruchen.

Zu beobachten ist allerdings nicht nur eine Enteignung und Aneignung auf der Ebene von Eigenschaften, sondern auch von Verfahren. So wird auch das Verfahren der Umkehrung dem Anderen zugeschrieben, obwohl man es selbst vollzieht. In Russland kann man das an Äußerungen der Pressesprecherin des Außenministeriums, Marija Sacharova, beobachten. Bei einer Pressekonferenz in Ekaterinburg hat sie auf die Frage, wie man auf die Behauptung reagieren solle, Russland gleiche Orwells *1984*, vorgeschlagen, mit einer Verkehrung zu antworten, und zwar zu sagen, es handle sich in Orwells *1984* in Wirklichkeit um eine Darstellung liberaler Gesellschaften.[1]

Beobachten lässt sich die Projektion der Verkehrung aber auch bei Aktivisten aus der rechten Szene, die zum Beispiel eine Umwertung der Werte frei nach Nietzsche beim politischen Gegner identifizieren: »›Die Umwertung der Werte‹ [*inversion of values*] ist der Schlüssel zur linken Moralvorstellung«, schreibt Gregory Hood im rechten *Radix*-Journal im Jahr 2015.[2] Er fährt in orwellscher Manier fort: »Was auch immer ›far Right‹ genannt wird, ist einfach eine energische Verteidigung des Normalen. Was Linke ›Faschismus‹ nennen, ist ›Freiheit‹ für die meisten Menschen, und was sie ›Freiheit‹ nennen, ist ›Faschismus‹ für die meisten von uns.«[3] Was Hood zunächst vorführt, die Umkehrung, wird anschließend als Strategie beschrieben: »Alt-Right ist ironisch, subversiv und zynisch. Es geht darum, die Taktik der Linken gegen sie selbst zu richten, die Tropen und Narrative zu dekonstruieren, die sie uns aufgezwungen haben.«[4] Der gesamte Artikel, der die Verkehrung ins Gegenteil darstellt und zugleich vorführt, unterstellt die Verkehrung dem »linken Mainstream«, der »globalen linken Elite, die an der Macht ist«: »Es sind die Progressiven, die in Hysterie ausbrechen, wenn es darum geht, dass jeder normale Sex eine Vergewaltigung ist.«[5] Hood spielt in seinen Artikel mit dem Begriff ›Cuckolding‹, was so viel meint wie eine (lustvolle) Selbsterniedrigung eines Mannes, der seine Frau einem anderen Mann gibt, dem gegenüber er sich unterordnet. Die Metaphorik des gehörnten Ehemanns verwendet er als Kulturkampfmetapher gegen jene Konservative (»Cuckservative«), die gegen die »dissidente Rechte« aufbegehren, weil sie nicht im Interesse der *weißen* Mehrheit agieren. Er spielt also auf Menschen an, die seiner Meinung nach »wissentlich oder unwissentlich aktiv gegen ihre eigenen Interessen arbeiten« und die »stolz darauf sind, Positionen zu vertreten, die ihren eigenen Anhängern schaden und sie selbst demütigen«.[6] Hood bezieht sich dabei zugleich auf den Kuckuck, »der Vögel anderer Arten dazu bringt, sich um seine Eier zu kümmern«.[7] Solidarisch mit Anderen zu sein, Schwächeren zu helfen, sich für Gleichstellung von Minderheiten einzusetzen und so weiter, bedeutet in dieser Alt-Right-Logik immer eine Arbeit gegen sich selbst. Dass hier angeblich mit Nietzsche argumentiert wird, also Nietzsches Umwertung der Werte zu einem »linken« Projekt umgewertet wird, ist typisch für eine rechte Inanspruchnahme von Nietzsches Texten, die gezielt ausblendet, dass die Logik des Ressentiments, gegen die Nietzsche argumentierte, der Ausgangspunkt faschistischen Denkens ist.

Am Beispiel eines Wortes, das uns wiederum zu Nietzsches Theorie des Ressentiments zurückführt, möchte ich kurz nachzeichnen, wie die Verkehrung, an deren Ende eine Selbstaufwertung steht, funktioniert. Es handelt sich dabei um das Wort ›Gutmensch‹, über dessen Erfindung und erste Umkodierung schon Diedrich Diederichsen in seinem Buch *Politische Korrekturen* (1996) schrieb. »Gutmensch«, so Diederichsen, sei in der Satirezeitschrift *Titanic* in den 1980ern erfunden worden und habe dort zuerst »alberne

Identifikationsfiguren« der »Öko- und Friedensbewegung« verspottet, vor allem Frauen.[8] In den frühen 1990ern wurde die Gutmenschenbelustigung noch von links mit übertriebenem PC-»Terror« identifiziert, bis das Wort schließlich zu einem politischen Kampfbegriff gegen Feminismus oder Multikulturalismus von rechts verwendet wurde. 2015 in Deutschland zum Unwort des Jahres gewählt, wurde der Begriff erneut, und nun ohne Ambivalenz, zu jener Redefigur gemacht, die den angeblichen Terror der politisch Korrekten, den Wokeism, anzeigen sollte, dessen politisches Instrument eine umfassende Cancel Culture sei. In Kommentarspalten tauchte zudem das Wort »Gutmenschen-Faschist« auf, in Russland ungefähr vergleichbar mit der Bezeichnung »Liberalfaschist«, einer gängigen Diffamierung von Menschen, die das Regime kritisieren.

Recherchiert man bei RT Deutsch, dann wird deutlich, dass in der russischen Propaganda sogar noch ein breiteres Bedeutungsspektrum von ›Gutmensch‹ Verwendung findet. So wurde unter anderem den gesamten USA eine Art Gutmenschenimperialismus unterstellt, »der den süßlichen Leichengestank seiner Mordopfer mit duftender Gutmenschen-Moralinsäure überdeckt«.[9] Der zitierte Artikel erschien zuerst bei RT America, für die deutsche Übersetzung hatte man das Wort ›Gutmensch‹ extra hinzugefügt, sodass für hiesige Leser:innen ein Bogen vom Gutmenschentum über den NATO-Slogan »Vielfalt ist unsere Stärke« oder den Slogan der Vizepräsidentin Kamela Harris »Our diversity is our strength« gespannt und mit der Nazivergangenheit der NATO und der Ukraine verknüpft werden konnte: »Bis heute unterstützt die NATO auch Neonazis in Ländern wie der Ukraine, während in NATO-Staaten Kundgebungen zu Ehren von Nazi-Kollaborateuren abgehalten werden dürfen, anstatt der Verherrlichung des Nazismus gänzlich Einhalt zu gebieten.«[10] Hier wird die semantische Verbindung von »Gutmenschen« und »Faschismus« nicht in einem einzelnen Wort, sondern in einer propagandistischen Erzählung vollzogen, um zu zeigen, dass der »Gutmensch« das eigentliche Übel sei und sich unter seinem ›guten‹ Deckmäntelchen ein Nazi verberge.

Mit dem schon erwähnten Nietzschezitat könnte man die Erfindung des ›Gutmenschen‹ auch folgendermaßen beschreiben: Der Mensch von heute erfindet nicht den ›Bösen‹ als Feind, sondern den ›Guten‹ – »und zwar als Grundbegriff, von dem aus er sich als Nachbild und Gegenstück nun auch noch einen ›Bösen‹ ausdenkt – sich selbst!« Sich selbst als Gegenteil des ›Guten‹ zu bezeichnen, ist ein erster Akt der Selbstadressierung, der unausgesprochen bleibt, aber durch die Diffamierung des Gegenübers indirekt performativ wirkt. Sich selbst indirekt als ›böse‹ auszuzeichnen, funktioniert dabei nur, weil auch ›böse‹ ganz im Sinne von Nietzsches Beobachtung umgewertet wird: ›Böse‹ meint im Kontext von ›Gutmensch‹ ›realistisch‹, ›Klartext redend‹, ›Sprech-Tabus-brechend‹, ›nicht naiv‹, ›nicht heuchlerisch politisch korrekt‹. Bei der Erfindung des Wortes ›Gutmensch‹ bleibt es allerdings nicht bei der Verkehrung von ›gut‹ und ›böse‹, sondern es soll, mit Nietzsche gedacht, Kritik an Unterdrückung, Sexismus oder Homophobie als bloßes Ressentiment gelesen werden und nicht etwa als Kritik am Ressentiment.

Die Anti-»Gutmenschen«-Kampagne im deutschsprachigen Feuilleton um 2016 führte auch neue Begriffe und Gegensätze ein, die bis heute nachwirken. Das lässt sich insbesondere an der Verwendung des Begriffes ›Andersdenkende‹ erkennen. Titel wie »Plädoyer für die Menschenfeinde« suggerieren im Teaser, dass »die Mode, Andersdenkende als ›Menschenfeinde‹ zu diffamieren, kaum hinterfragt« werde.[11] Der »Menschenfeind« wird als reaktive Erfindung des ›Gutmenschen‹, als eine ›Art Anti-Gutmensch‹ ins Spiel gebracht und Wissenschaftler:innen, die für die Friedrich-Ebert-Stiftung (FES) arbeiten, wird unterstellt, Menschen mit anderen Meinungen ganz grundsätzlich als »Menschenfeinde« zu deklarieren. In deren Studie, »Die Abwertung des Anderen«,[12] einer empirischen Studie über Rechtsextremismus in acht europäischen Ländern, definieren die Autor:innen jedoch ganz zu Beginn und sehr explizit, was sie unter »gruppenbezogener Fremdenfeindlichkeit« verstehen, und zwar »abwertende Einstellungen und Vorurteile gegenüber solchen Gruppen, die als ›anders‹, ›fremd‹ oder ›unnormal‹« definiert werden. Es handelt sich also um »fremdenfeindliche, rassistische, antisemitische, islamfeindliche, sexistische und homophobe Einstellungen«, *nicht* um die »Ablehnung traditioneller Rollenbilder« und ›Andersdenkender‹.

Die Umkehrung ist auch hier offensichtlich, wird aber gleichzeitig durch die Erweiterung des semantischen Feldes ergänzt, um den ›Andersdenkenden‹ als Gegenpart zum ›Gutmenschen‹ zu etablieren: ›Gutmensch‹ versus Menschenfeind, das heißt ›Gutmensch‹ versus den Andersdenkenden, Dissident:innen, den Menschen mit alternativer Meinung, Verteidiger der Meinungsfreiheit.

Sich selbst als Andersdenkende:r zu bezeichnen, hat in diesen Fällen den Zweck, sich diesen schillernden, positiv besetzten Begriff anzueignen, ihn zu usurpieren und zugleich die Erinnerungen daran, was man historisch über Dissidenz, Widerstand und Andersdenkende wissen kann und sollte, lächerlich zu machen. Aneignung und Enteignung gehen Hand in Hand. So kann man sowohl die positiven Vorstellungen, die mit Widerstand und Opposition verbunden sind, als die eigenen ausgeben als auch dem Gegner beziehungsweise der Gegnerin genau das unterstellen, was man von sich selbst nicht preisgeben möchte. Konkret versucht etwa die AfD den Nimbus der Oppositionsbewegung in der ehemaligen DDR für sich zu reklamieren, indem sie zum Beispiel den Slogan »Wir sind das Volk« annektiert und für ihre Zwecke missbraucht. Völlig zu Recht hat sich die ehemalige DDR-Opposition darüber empört, dass nun versucht wird, »ein freiheitliches Motto für völkisch-rassistische Zwecke umzudefinieren«.[13]

Eine kurze Google-Recherche im Januar 2022 schließlich zeigte, in welchen Zusammenhängen der Begriff ›Andersdenkende‹ neuerdings Anwendung findet und dass er in dieser Form nicht mehr nur in rechten Medien auftaucht, sondern in öffentlich-rechtliche Medien hineinsickert. Zum Beispiel taucht ›Andersdenkende‹ in den Nachrichten des Schweizer Fernsehens (SRF) in einer Reportage über radikalisierte Coronaleugner:innen auf, die die Schweiz eine Diktatur nennen. Der interviewte Mediensprecher der Polizei Winterthur bedauert darin »einzelne Provokationen von Andersdenkenden«,[14] das heißt, er übernimmt den Begriff, den sich die Querdenkerszene angeeignet hat, und lässt die Verwendung des Begriffs unkommentiert. In einem anderen Medienbeitrag wird der Kanton Schwyz, in dem christliche Fundamentalisten und ihr Komitee gegen die »Ehe für alle« demonstrieren, liebevoll als »Der Kanton Schwyz – der Andersdenkende«[15] bezeichnet. Und die SVP, die rechtspopulistische Partei der Schweiz, die mit zwei Bundesräten in der Schweizer Regierung vertreten ist, lässt verlautbaren: »Nein zur Verfolgung Andersdenkender!«,[16] womit sie sich selbst meint.

Auch bei RT Deutsch wird der Begriff ›Andersdenkende‹ seit 2015 verwendet. Und im Unterschied zu vielen westlichen Medien ist sich RT bewusst, dass dieser Begriff, der auf Rosa Luxemburgs Formulierung »Freiheit ist immer die Freiheit der Andersdenkenden« zurückgeht, seit den 1960er-Jahren ein zentraler Begriff der sowjetischen Dissident:innen war. Sie nannten sich *inakomysljaščie* (Andersdenkende) und ihr Denken *inakomyslie* (Andersdenken). Der Begriff bezeichnete zunächst also diejenigen, die in der Diktatur den Mut aufbrachten, sich gegen diese Diktatur zu wenden, und damit rechnen mussten, verhaftet und verurteilt zu werden.

Der russische staatliche Propagandasender RT bezeichnet sich nun selbst als »Andersdenkender«, als Medium der »zweiten Meinung«, und stellt sich damit auf eine Stufe mit der sowjetischen Dissidenz. Auch hier haben wir es mit einer Subversion von ›oben‹ zu tun, wenn diejenigen, die über Macht, Reichweite, Einfluss und Finanzen verfügen, sich den Deckmantel von Widerstand, Opposition und riskantem kritischem Denken überziehen. Die Selbstadressierung des Senders RT im Ausland soll also den Eindruck erwecken, die Meinung beziehungsweise die Desinformation der russischen Regierung sei in Westeuropa Dissidenz. So wird das Medium in einer Abwandlung von McLuhans Slogan selbst zur Message: Nicht die einzelnen Meldungen, die mal weniger und mal mehr stimmen, enthalten die Botschaft – die Botschaft ist vielmehr die Existenz von RT selbst: RT wurde als ein Gegenmedium zur westlichen Presse etabliert, als »Alternative« für »Andersdenkende«. Ganz in diesem Sinne sympathisierte RT auch mit Breitbart. Breitbart wird als Möglichkeit dargestellt, den »Trump-kritischen deutschen Medienmarkt von außen zu ›befreien‹« und eine weitere »Gegenöffentlichkeit zu schaffen«. Dabei scheut ein Journalist auf RT weder vor einem irreführenden historischen Framing noch davor zurück, die Befreiung der deutschen Presse von ihrer angeblichen Ideologie mit der Befreiung von 1945 zu vergleichen: »Zu Tausenden machten Leser in den Kommentarspalten ihrer Wut über die nach ihrer Auffassung äußerst tendenziöse Berichterstattung Luft. Manche von ihnen behaupteten gar, die deutsche Medienlandschaft sei so gleichförmig, dass eine Befreiung von dem ihr zugrunde liegenden Konsens wie schon 1945 nur von außen kommen könnte.«[17]

Es ist kein Zufall, dass hier der Zweite Weltkrieg und damit die Befreiung vom Faschismus zitiert wird. Die diskursive Aggression, mit der die strategische Installation der russischen Auslandspropaganda verbunden ist, wird an dieser Stelle ganz ähnlich erzählt wie die tatsächliche Aggression durch den Krieg seit 2014: Hier wie dort ist von Befreiung die Rede, von einer Befreiung, die doppelt von außen kommt, aus Russland und aus den Kommentarspalten. Mit anderen Worten: RT ›reagiert‹ auch hier nur auf den Wunsch deutscher Leser:innen, die sich eine ›Befreiung‹ durch Russland von ihrer eingeschränkten Meinungsfreiheit, Cancel Culture und Zensur wünschen.

9. Korruption von Differenz und Vielfalt

Schon der französische Rassismusforscher Pierre-André Taguieff hat die Verkehrungen der rechten Szene in einer Studie über Rassismus und Antirassismus vor einigen Jahren analysiert. Er hat sie »Retorsionen« genannt und dabei darauf aufmerksam gemacht, dass es nicht nur um einzelne Wörter gehe, deren Bedeutungen verkehrt würden, sondern um grundlegende Begriffe, Konzepte und Theorien.

Auf zwei dieser unter umgekehrten Vorzeichen angeeigneten Theorien möchte ich hier kurz eingehen. Zum einen auf jene Theorie, die Taguieff selbst zitiert und die man mit dem Stichwort der ›Differenz‹ als poststrukturalistisches Konzept per se bezeichnen könnte. Zum anderen auf das Konzept der Polyphonie, der Vielstimmigkeit und Meinungsvielfalt, das sich durch ganz unterschiedliche theoretische Entwürfe des 20. Jahrhunderts zieht. In der Logik der Verkehrung werden beide Konzepte gegen sich selbst gewendet: Während Differenz als Legitimation eines neuen Denkens in binären Oppositionen erscheint, als Möglichkeit, auf kulturelle Unterschiede im Namen einer homogenen *weißen* oder nationalen Gemeinschaft zu beharren, wird die Rede von der Vielfalt missbraucht, um Meinungen auf eine Stufe mit Faktenwahrheiten zu stellen.

Taguieff beobachtet in seinem Aufsatz von 1998, in dem er die Geschichte des Neorassismus historisch nachzeichnet, zunächst, dass die »Rassisten von heute« sich nicht mehr ausdrücken wie »Hitler, Himmler oder Rosenberg, auch wenn sich ihr Weltbild nicht geändert hat«.[1] Vielmehr arbeiten sie mit Begriffen, die eher aus einem antirassistischen Wortspektrum stammen und die sie für sich, also für ihre eigene Charakterisierung, verwenden. Als ein Beispiel wählt Taguieff eine Rede von Jean-Marie Le Pen vom 19. September 1982. Darin heißt es: »Wir haben nicht nur das Recht, sondern die Pflicht, unsere nationale Persönlichkeit und auch unser Recht auf Differenz zu verteidigen.«[2] Ein weiteres Beispiel, wieder von einem Front-National-Politiker, stammt aus einer Rede Carl Langs vom 13. Juni 1989: »Wir fordern für uns Franzosen unser eigenes Recht auf Differenz, [...] das Recht unseres Volkes, über sich selbst zu entscheiden, [...] das Recht, unsere Identität zu verteidigen«.[3]

Für Taguieff zeigt sich hier eine typische Retorsionsstrategie, die er »differentiellen Rassismus« beziehungsweise »Rassismus der kulturellen Differenz«[4] nennt. Er verweist darauf, dass es sich nicht um eine neue Strategie handle, sondern dass Edmond Humeau bereits 1934 in »Le fascisme et le sens de l'honneur« geschrieben habe, »dass sich unter dem Mantel des gleichen Wortgebrauchs eine Substitution der Werte«[5] vollziehe. Humeau bezog das auf die »Ehre« – nun, so Taguieff, gehe es um Differenz und nationale Identität. Taguieffs Beobachtungen sind interessant, weil sie versuchen zu zeigen, wie das postmoderne »Lob der Differenz« zugleich heterophil und heterophob verwendet werden kann.

Bei einer solchen Beobachtung geht es nicht darum, der Postmoderne vorzuwerfen, sie habe durch ihr Beharren auf Differenz Exklusion und Verbote befördert und ein neues Freund-Feind-Schema geschaffen. Wer so argumentiert, geht der Aneignung der Begriffe bereits auf den Leim. Viel wichtiger ist es zu verstehen, dass Verfahren oder Praktiken keiner politischen Richtung gehören, sondern für ganz unterschiedliche Ziele verwendet und eben auch gegen ihre bereits benutzte Semantik oder Intention benutzt werden können. Schon am Beispiel von Bachtins Theorie der Karnevalisierung wurde deutlich, dass subversive oder karnevaleske Praktiken nicht per se kritisch gegenüber einer Gewaltherrschaft oder gegenüber Unterdrückung sind, sondern dass sie gerade auch als Verfahren der Stabilisierung von Herrschaft eingesetzt werden. Ganz ähnlich verhält es sich mit den Theorien zur Differenz. Taguieff schreibt: »Wenn das Lob der Differenz ebensogut eine rassistische Attitüde ausdrücken kann wie die Zurückweisung der Differenz, dann widersprechen sich Heterophobie und Heterophilie nicht – zumindest nicht wie der Rassismus dem Antirassismus und nicht wie eine ›offene‹ linke Position einer ›geschlossenen‹ rechten.«[6] Das Lob der Differenz könne »geradezu als ›Werkzeug der Blamage‹ gelten, und auch als ein viel effizienteres Instrument der Rassenbildung, da es sich nicht als ein solches zu erkennen gibt«.[7]

Taguieff nennt die Inanspruchnahme des Rechts auf Differenz durch rassistische Akteure die »beunruhigendste ideologische Korruption eines ethischen Ideals, da keines in den letzten zwanzig Jahren auf so breiter Ebene anerkannt wurde.«[8] Der Prozess der Verkehrung ist dabei jedoch immer gleich: Zuerst wird angeeignet und integriert, dann wird umgekehrt. »Die Verabsolutierung der Differenz erlaubt es, die Idee, dass bestimmte ›menschliche Gruppen‹ (der Ausdruck selbst ist ein Euphemismus) gerade wegen ihrer radikalen Differenz nicht assimilierbar seien, als eine absolute Gewissheit darzustellen.«[9]

Differenz ist aber nicht nur ein Terminus, der in Theorien des Antirassismus eine zentrale Rolle spielt, sondern er ist ein Begriff der poststrukturalistischen Theorie und Dekonstruktion; dort vor allem ein Konzept, das gegen das Denken in vereinfachenden binären Oppositionen ins Spiel gebracht worden ist. Gilles Deleuze hatte in den frühen 1960er-Jahren – nach seiner Nietzschelektüre – unter anderem eine affirmative Kritik gefordert, die das Denken in Oppositionen, das heißt die Mobilisierung der reaktiven Kräfte, die im Gegensatz zum Ausdruck kommen,[10] mithilfe eines Denkens in Differenzen hinter sich lassen wollte. Im Unterschied zur Opposition ist die Differenz für Deleuze ein Schöpfungs- und Vervielfachungsprinzip.

Wird aber in der neurechten Argumentation auf Differenz bestanden, dann wird Differenz gerade wieder zu einem Prinzip des binären Denkens, zu einer Möglichkeit, den Anderen als absolut Anderen, als Gegenteiligen, zu konzipieren. Differenz wird dabei genau zu dem, was sie in der poststrukturalistischen Theorie nicht sein wollte: zur Opposition. Eine solche ›verkehrte‹ Differenz ist nicht mehr eine Differenz, die der Idee von Identifikation widersteht, sondern eine Differenz, die als Instrument von Identifikation dient. Verkehrt man also den Differenzdiskurs in sein Gegenteil, dann werden aus Versuchen, für Differenz einzutreten, Diskurse nationaler Identität. Dann wird aus Differenz, wie Mark Terkessidis es im Anschluss an Taguieff formuliert, »kultureller Artenschutz«:[11]

> Alle Redeweisen, die einmal dazu gedient hatten, im antikolonialistischen Kampf die Unterwerfung unter das koloniale System anzugreifen, wurden nun kurzerhand gegen Migrantinnen gewandt. Das ›Recht auf Differenz‹ sollte vor allem den Bewohnern der europäischen Metropolen zukommen – ein Recht, das durch die ›Entfernung‹ der Zugewanderten hergestellt werden sollte. Zum anderen gab und gibt es eine Denunziation differentialistischer Politiken im Namen des Universalismus, die beispielsweise gegen Anti-Diskriminierungsvorschriften und affirmative-action-Programme gerichtet waren. Die Tories warben etwa mit dem Bild eines Afrobriten und folgendem Slogan: »Für Labour ist es ein Schwarzer, für die Tories ist er Brite!«[12]

Verkehrungen ins Gegenteil sind, so betrachtet, Praktiken der Auflösung von Differenz in ein schematisches Denken von Oppositionen, die vor allem der Herstellung von Feindbildern und einem Othering dienen. Terkessidis macht aber noch auf einen anderen Effekt der Verkehrung aufmerksam, den der Vordenker der Neuen Rechten, Alain de Benoist, folgendermaßen erzielt: »Wenn man gegen die Kolonisation ist, dann müsste man für wechselseitige Anerkennung der Entkolonisierung sein... Man hat das Recht, für die Black Power-Bewegung zu sein, aber man muss gleichzeitig für die White Power, die Yellow Power und die Red Power sein.«[13] Wer eine Diskriminierung von People of Color sehe, der müsse auch anerkennen, dass Weiße unterdrückt werden, so die Logik dahinter. Terkessidis sieht hier nicht nur die Idee, dass sich die »ethnische Mehrheit an der Macht« in diesem Moment mit »der Position der machtlosen Minderheit«[14] bewaffnet, sondern auch die, sich mit dieser zugleich auf eine Stufe zu stellen.

Auf diese Entdifferenzierung durch Differenz haben auch Julian Bruns, Kathrin Glösel und Natascha Strobl in ihrem Handbuch *Die Identitären: Handbuch zur Jugendbewegung der Neuen Rechten in Europa* hingewiesen. Retorsion ist ihnen zufolge ebenso eine Praxis von Gleichsetzung, denn eine Verkehrung führt nicht einfach nur zur Umwertung oder Umkodierung von Bedeutungen, sondern sie führt gleichzeitig dazu, dass gegensätzliche Handlungen nicht mehr unterschieden werden. Im Grunde hatte schon Orwell in *1984* mit seinem »ist« bei Krieg *ist* Frieden darauf hingewiesen. Die Bedeutung von Krieg wird durch das »ist« nicht nur verkehrt, sondern der Unterschied zwischen beiden Begriffen wird im gleichen Zug eingeebnet. Doch Bruns, Glösel und Strobl zeigen darüber hinaus, dass die Verkehrung ausgerechnet dort zu einer Gleichsetzung führen soll, wo Differenz zur Diskriminierung wird, wenn etwa Feminismus als Sexismus gegenüber Männern gelesen wird oder wenn sich Identitäre mit von Siedler:innen vertriebenen und ermordeten Native Americans gleichsetzen, weil sie nun angeblich von Geflüchteten und Immigrant:innen bedroht werden, die ihnen in Europa ihre Identität rauben. Die Autor:innen zitieren als Beispiel den Mitbegründer der Identitären Bewegung in Österreich, Alexander Markovics, der von einer vermeintlichen »Kolonisation unseres Landes«[15] spricht. In solchen Fällen geht es darum, Unterschiede auszulöschen und Täter mit ihren Opfern gleichzusetzen, das heißt die Bedrohenden als Bedrohte darzustellen. So wird im Grunde wiederum aus einer Position der Macht die Kritik an dieser Macht als Unterdrückung, Ausgrenzung und Bedrohung interpretiert, das rassistische Anliegen wird mit den Mitteln des Antirassismus vertreten. Aber eben auch: Durch das Nivellieren des Unterschieds wird das Unterscheidenkönnen, die Arbeit des Kritisierens, erschwert. Wenn Kritik die Fähigkeit des Differenzierens voraussetzt,[16] so sind die beschriebenen Verkehrungen Versuche, genau diese Fähigkeit zu verunsichern.

Letzteres gilt nicht nur für den Diskurs der Differenz, sondern auch für die Inanspruchnahme davon abgeleiteter Begriffe und Konzepte.

Dazu gehört zum Beispiel die Verwendung von Begriffen wie ›Vielfalt‹, insbesondere ›Meinungsvielfalt‹. Medien, die keine rechten oder populistischen Meinungen, keine rassistischen, sexistischen oder klassistischen Meinungen bringen, werden nicht mehr nur im rechten Spektrum als ›einseitig‹ und ›ideologisch‹ charakterisiert. Auch hier handelt es sich nicht um eine einfache Umkehr von Homophonie und Polyphonie, Vielfalt und Einfalt, Demokratie und Autokratie, sondern um eine Verkehrung, die eine Auflösung von Differenz nach sich zieht. Schon in den 1960er-Jahren hatte Hannah Arendt festgestellt, dass in »free countries«, im Unterschied zu Diktaturen, in denen die Realität geleugnet wird, »unliebsame Tatsachen« so diskutiert würden, dass »ihre bloße Feststellung nur darum toleriert« werde, »weil dies von dem Recht zur freien Meinungsäußerung gefordert werde«.[17] Dadurch werde aber, so Arendt, »eine Tatsachenwahrheit in eine Meinung verwandelt« und beide würden auf eine Stufe gestellt.[18] Ein aktuelleres Beispiel dafür ist das gescheiterte Amtsenthebungsverfahren gegen den vormaligen Präsidenten der USA, Donald Trump. Die republikanischen Vertreter hatten während der Anhörungen scheinbar kein Interesse daran, zu erfahren und öffentlich zu machen, was tatsächlich geschehen war. Äußerten sich Zeugen auf eine Weise, die politisch mit der Argumentation der Republikaner nicht konform war, das heißt die Trump politisch belastete, versuchten sie, um mit Hannah Arendt zu sprechen, Tatsachenwahrheiten in Meinungen zu verwandeln und auf diese Weise die Zeugenschaft zu untergraben. Im Unterschied zu den politischen Schauprozessen in Russland, in denen Lügen als Fakten dargestellt wurden, war es demnach hier genau umgekehrt. Zeugenschaft wurde zu einer bloßen individuellen Beurteilung der Situation, sie war keine Zeugenschaft der Situation selbst, die Fakten galten als individuelle Interpretationen und Meinungen. Dass eine solche Bewertung von Zeugenschaft möglich war, hatte damit zu tun, dass das Verfahren der Amtsenthebung selbst auf eine politische Entscheidung hinwirkte. Auch wenn – wie bei einem juristischen Verfahren – Fakten überprüft, Beweise gesammelt und Zeugen vernommen wurden, stand am Ende kein juristisches Urteil über Schuld, sondern schlicht eine politische Entscheidung, für die es einer Zweidrittelmehrheit im Senat bedurfte. Es war die Mehrheitsentscheidung, eine politische Gesinnungsentscheidung, die über die Wahrheit als Wahrheit befand.

Arendt hat in einem anderen Zusammenhang darauf hingewiesen, dass Verkehrungen von Fakten in Meinungen nicht dazu führen, »dass die Lüge nun als wahr akzeptiert und die Wahrheit als Lüge diffamiert wird, sondern dass der menschliche Orientierungssinn im Bereich des Wirklichen, der ohne die Unterscheidung von Wahrheit und Unwahrheit nicht funktionieren kann, vernichtet wird«.[19] Was Arendt hier beschreibt, resultiert ebenfalls aus einer Kombination von Verkehrung und Gleichsetzung. Wenn Tatsachen nur Meinungen unter anderen Meinungen sind, dann wird im Namen der Meinungsvielfalt die Tatsachenwahrheit vollständig entwertet. Auch hier ist es nicht die Meinungsvielfalt als Konzept, die diese Entwertung möglich macht, sondern dessen politische Inanspruchnahme und Umdeutung. Im Namen von Vielfalt und Polyphonie werden ganz unterschiedliche Dinge auf eine Stufe gestellt, die gleichzeitig Aufwertung und Entwertung nach sich ziehen. Propaganda und Desinformation gehen auf diese Weise als Meinung durch und werden aufgewertet, Fakten und wissenschaftliche Erkenntnisse werden im gleichen Zuge als Meinung abgewertet. Der von Arendt angesprochene Verlust der Orientierung erweist sich so als ein Kalkül der Desinformation, die im Namen von Vielfalt Dinge auf eine Stufe stellt, die unterschieden werden müssten. Im genannten Fall betrifft das auch das Konzept der Vielfalt selbst. Vielfalt oder die Polyphonie der Meinungen dient demzufolge nicht mehr, wie das der russische Philosoph Michail Bachtin einst unter Stalin hoffte, als Möglichkeit, ein ideologisches, monologisches Sprechen, das keine anderen Positionen duldet, auszuhebeln, sondern es dient selbst zur Verbreitung von Ideologien und Verschwörungstheorien als gleichwertigen und gleichberechtigten Meinungen unter anderen. Auch hier wird im Grunde ein sprachphilosophisches Konzept (Polyphonie) und ein politisches Konzept (Meinungsvielfalt) gegen sich selbst gewendet.

Bachtin plädierte mit dem Konzept der Polyphonie für eine Akzeptanz der Mehrwertigkeit und Vieldeutigkeit von Aussagen und Perspektiven. Umgekehrt hatte er nicht im Blick, dass – bezogen auf die Sowjetunion – auch Diktaturen mit Praktiken der semantischen Verunsicherung arbeiten. Wir können heute zum Beispiel beobachten, dass das Streuen möglichst verschiedener und sich widersprechender Versionen von Ereignissen in Russland zu einer der wichtigsten Strategien der Desinformation gehört. Besonders anschaulich zeigte sich dies 2015 nach dem Mord am Oppositionspolitiker Boris Nemzov, als russische Medien immer wieder neue Theorien über den möglichen Tathergang lieferten. Die Journalistin Tamina Kutscher hat diese Strategie der Desinformation im Kontext des Mordanschlags auf Sergej und Julija Skripal folgendermaßen auf den Punkt gebracht: »Es wurde eine alternative Version präsentiert, um die kann man sich jetzt streiten.«[20]

Die Vielfalt der Meinungen dient in solchen Fällen nicht der Abbildung einer komplexen Realität, die nur schwer fassbar und einsehbar ist, sondern sie stellt eine unübersichtliche Menge an Versionen zur Desorientierung der Rezipient:innen überhaupt erst her. Die angebliche Komplexität wird zum Instrument der Manipulation.

So wundert es nicht, dass Medien wie zum Beispiel RT Deutsch den Begriff ›Vielfalt‹ nutzen, um die eigenen Lügen als weitere, alternative oder zweite Meinung zu bezeichnen. Denn wenn alle Medien das Gleiche berichten, so die dahinterliegende Idee, geschehe dies nicht etwa aus Gründen der Evidenz, sondern zur Vereinheitlichung der Perspektive. Auf diese Weise wird die einheitliche Beurteilung von Faktenwahrheiten zum Motiv einer Verschwörungsgeschichte der Gleichschaltung. RT Deutsch, so ihre Selbstdarstellung, sorge in der »gleichgeschalteten Medienlandschaft« überhaupt erst für Polyphonie und Vielfalt. Die westeuropäische Presse hingegen tanze nach der Pfeife einer »Zentralgewalt«, »die nach politischer Opportunität festlegt, was Wahrheit ist«. »Eine Zukunft«, so sagt die Chefredakteurin von RT, »vor der George Orwell mit seinem Werk *1984* eindringlich gewarnt hatte.«[21]

10. »Falsche Projektion«

Als Taguieff in den 2000er-Jahren die Strategie der neurechten Bewegungen als Retorsion bezeichnete, betonte er, dass sich »Rassisten von heute« von ihren Vorbildern unterscheiden. Sie hätten noch das gleiche Weltbild, würden sich aber anders ausdrücken, und zwar im Vokabular linker Theorien. Als Max Horkheimer und Theodor W. Adorno zwischen 1944 und 1947 in der *Dialektik der Aufklärung*, im Abschnitt »Elemente des Faschismus«, den faschistischen Antisemitismus analysierten, beobachteten sie ebenfalls eine Verkehrung, die sie in Anlehnung an Freud und die Psychoanalyse als »falsche Projektion« bezeichneten. Sie dachten nicht wie Taguieff im Wechselspiel von Aneignung und Enteignung, sondern von Projektion und Mimesis:

> Alle die Vorwände, in denen Führer und Gefolgschaft sich verstehen, taugen dazu, daß man ohne offenkundige Verletzung des Realitätsprinzips, gleichsam in Ehren, der mimetischen Verlockung nachgeben kann. Sie können den Juden nicht leiden und imitieren ihn

> immerzu. Kein Antisemit, dem es nicht im Blute läge, nachzuahmen, was ihm Jude heißt. Das sind immer selbst mimetische Chiffren: die argumentierende Handbewegung, der singende Tonfall, wie er unabhängig vom Urteilssinn ein bewegtes Bild von Sache und Gefühl malt, die Nase, das physiognomische principium individuationis, ein Schriftzeichen gleichsam, das dem Einzelnen den besonderen Charakter ins Gesicht schreibt.[1]

Horkheimer und Adorno beziehen sich auf die ›Nachahmung‹ von Juden im Faschismus, die jedoch nur eine scheinbare Mimesis ist, eine Mimesis, die das erzeugt, worauf sie sich beziehen will: Die Aufführung dichtet dem Anderen erst jene Merkmale an, die sie nachzuahmen vorgibt. Diese Als-ob-Nachahmung, die vorgetäuschte Mimesis, dient der Erfindung des Anderen, sie hat kein Original, sondern soll es performativ erst herstellen. Die Als-ob-Mimesis bezeichnen sie als »falsche Projektion«. Der projektive Charakter des Mimetischen bestehe nun darin, dass Antisemit:innen Jüdinnen und Juden durch diese Als-ob-Mimesis eigentlich »ihr eigenes Wesen« aufzwingen. Mit Freuds Satz: »Was als Fremdes abstößt, ist nur allzu vertraut«[2], legen sie nahe, dass »Regungen, die vom Subjekt als dessen eigene nicht durchgelassen werden und ihm doch eigen sind, [...] dem Objekt zugeschrieben [werden]«.[3] Mit anderen Worten: Antisemitismus ist eine Projektion, die auf einer Subjekt-Objekt-Verkehrung beruht und externalisiert, was selbst unterdrückt wird.

Es ist interessant, dass Horkheimer und Adorno unterschiedliche Stufen von Projektion unterscheiden. Sie schreiben, dass in »gewissem Sinn alles Wahrnehmen ein Projizieren«[4] sei, im Faschismus aber »von Politik ergriffen«[5] werde und darin jener Projektion gleiche, die Freud als Paranoia beschrieben habe. Sie halten die Verkehrung nicht, wie z. B. Taguieff, für ein rhetorisches Tarnmittel, sondern für eine paranoide Form von Herrschaft. Damit wird der Faschismus einerseits politisch begründet, er wird nicht pathologisiert, sein Mechanismus jedoch mit den Mitteln der Psychologie erklärt. Dieser Unterschied ist wichtig, denn auch heute wird in der Öffentlichkeit oft diskutiert, ob Verkehrungen als Resultat pathologischer Praktiken von Einzelnen zu verstehen seien. Doch selbst wenn Projektionen von einem pathologischen Subjekt ausgehen, ist ihr Funktionieren von Anderen abhängig und wird von ihnen reproduziert. Ganz egal, ob Herrscher wie Hitler oder Stalin paranoid waren oder auf diese Weise vorgingen, ihre Politik hat die Verkehrung ins Gegenteil als Kulturtechnik eingeübt, die durch Andere wiederholt und gefestigt wurde.

Die politische Form der Projektion nennen Horkheimer und Adorno falsche Projektion beziehungsweise pathische Projektion. Diese Projektion sei eine, die einer negativen, verkehrten Wunscherfüllung folge und einen Verlust von Differenz zwischen Innen und Aussen, Subjekt und Objekt, Distanzierung und Identifikation nach sich ziehe. Wer im Anderen verfolgt, was er beziehungsweise sie sich selbst nicht eingesteht, muss, damit die pathische Projektion gelingt, ebenfalls einen reflexiven Bezug zum Selbst und zum Anderen unterdrücken. Oder anders gedacht: Reflexion und Differenz, die auf einem dialogischen, wechselseitigen Verhältnis und Erkennen von Ich und Anderem beruhen, sind genau das, was durch die Projektion ausgelöscht wird. Weil die Projektion den Anderen nur zum Objekt machen kann, zu einer Projektionsfläche des eigenen verdrängten Wunsches, sei Projektion, so Horkheimer und Adorno, zutiefst asozial und akommunikativ, ein »Ausfall der Reflexion«[6]. Weder wird der oder die Andere als Subjekt gedacht, geschweige denn anerkannt, noch findet eine Reflexion in Bezug auf sich selbst statt.

Horkheimer und Adorno setzen diese »falsche Projektion« zugleich noch in Bezug zur Mimesis, und zwar als »Widerspiel zur echten Mimesis«: »Wenn Mimesis sich der Umwelt ähnlich macht, so macht falsche Projektion die Umwelt sich ähnlich. Wird für jene das Außen zum Modell, dem das Innen sich anschmiegt, das Fremde zum Vertrauten, so versetzt diese das sprungbereite Innen ins Äußere und prägt noch das Vertrauteste als Feind.«[7] Die »falsche Projektion« ist dabei nicht nur eine Als-ob-Mimesis, die versucht, Gegenteile und Feindbilder da zu errichten, wo Ähnlichkeit herrscht – sie versucht auch, der Umwelt eine Mimesis an die Ideologie aufzuzwingen. Das Totalitäre dieser Inanspruchnahme von Mimesis, das Totalitäre des Faschismus zeigt sich auch darin, »daß er die Rebellion der unterdrückten Natur gegen die Herrschaft unmittelbar der Herrschaft nutzbar zu machen strebt«.[8]

Doch durch die Als-ob-Mimesis wird, so Horkheimer und Adorno, nicht nur versucht, alles »Grauen der zivilisatorisch erledigten Vorzeit durch Projektion auf die Juden als rationales Interesse« zu »rehabilitieren«,[9] sondern auch Bahn gebrochen für die eigentliche »Vollstreckung des Bösen«, die den bösen Inhalt der Projektion noch bei Weitem übertrifft: »Die völkischen Phantasien jüdischer Verbrechen, der Kindermorde und sadistischen Exzesse, der Volksvergiftung und internationalen Verschwörung definieren genau den antisemitischen Wunschtraum und bleiben hinter seiner Verwirklichung zurück.«[10]

Horkheimer und Adornos Analyse der Affinität zur ›Mimesis‹ im Faschismus ist für das Verstehen der Verfahren heutiger Rechtspopulisten, der Neonaziszene, aber auch für Putin grundlegend. Die russische Desinformation berichtet immer wieder über angebliche grausame ukrainische Verbrechen (die im Übrigen genau jene Kindermorde zitieren, die auch die Nazis den Juden schon andichten wollten), während sie selbst Massaker an der ukrainischen Bevölkerung verüben. Die staatliche russische Propaganda kopiert geradezu den schon von Horkheimer und Adorno genannten »antisemitischen Wunschtraum«[11]: Das eigene Verbrechen wird auf den Anderen projiziert. Wir haben es allerdings im heutigen Faschismus mit einer Weiterführung der Projektion unter umgekehrten Vorzeichen zu tun, denn, wie wir wissen, gibt sich diese Projektion als Antifaschismus aus. Mit Taguieff gedacht, erfolgt die Retorsion durch Aneignung des Begriffs ›Antifaschismus‹ und zugleich durch eine Enteignung dessen, was als Antifaschismus verstanden werden kann. Mit Horkheimer und Adorno, und im Grunde auch mit Freud gedacht, verfolgt Putin beziehungsweise die russische Regierung ihren eigenen Faschismus in Anderen, die Frage der Aneignung des Antifaschismus bleibt in dieser Lesart eher im Hintergrund. Aber wenn man sich die Projektion der russischen Regierung anschaut, dann wird sehr deutlich, welch große Rolle die Aneignung dabei spielt. Wie die britische Slawistin Jade McGlynn in ihrer Untersuchung der Berichterstattung von sieben russischen Nachrichtenquellen über den Ukraine-Konflikt im Jahr 2014 gezeigt hat, hat das historische Framing der russischen Regierung bereits 2014 vier Narrative bedient, die den Faschismus stets bei den Anderen entdecken: bei den Protestierenden auf dem Majdan und den Gegner:innen des prorussischen Präsidenten Janukovič, die konsequent als Banderovzy bezeichnet werden (als Anhänger des Nationalisten und NS-Kollaborateurs Bandera), im Verhalten und der Ideologie der ukrainischen und der westlichen Regierungen, die mit den Nazis vergleichbar seien; und im Widerstand gegen die russische Besatzung und prorussischen Separatist:innen, der an die Gräueltaten der Nazis während des Großen Vaterländischen Krieges erinnere. Der vierte Punkt des historischen Framings betrifft schließlich den Moment der Aneignung des Antifaschismus für den Angriff auf die Ukraine durch die historische Legitimation des Großen Vaterländischen Krieges.[12] Insofern wurde die Okkupation der Krym und die vom Kreml orchestrierten Aufstände in der Ostukraine als Sieg dargestellt, der vergleichbar mit dem Sieg über Nazideutschland 1945 sei. Ganz in diesem Sinne wird auch die Parole »Wir können das wiederholen« (»Možem povtorit'«) durch die russische Regierung verwendet, indem sie den

Sieg über den deutschen Faschismus mit ihrer Besetzung ukrainischen Territoriums und dem Krieg gegen die ukrainische Bevölkerung in eins setzt. Ein Aufkleber mit dem Slogan tauchte bereits 2012 in Moskau auf und wurde ab 2014 in der russischen Propaganda verwendet. Der Slogan, den man in Russland überall hört und liest, bezieht sich vermutlich auf Inschriften russischer Soldat:innen auf dem deutschen Reichstag, auf dem diese ankündigten, dass sie wiederkommen, wenn der Faschismus nicht beseitigt würde.[13]

Hinzu kommt, und das soll die letzte Drehung in diesem Kapitel sein, dass man den Ukrainer:innen auch noch jene »falsche Projektion« andichtet, die man selbst vollführt. Letzteres passiert etwa, wenn die russische Regierung Kritik am Krieg als Russophobie deklariert, als puren Hass auf Russland. Dann unterstellt das Regime dem »kollektiven Westen«, den Ukrainer:innen und der eigenen Opposition, die es die fünfte Kolonne nennt, den eigenen Hass.

11. Leben in Antinomien: »Doppeldenk« und Halbwahrheiten

Was macht es mit Gesellschaften und mit dem Einzelnen, ständig mit Verkehrungen konfrontiert zu werden? Wie beeinflussen sie die Wahrnehmung der Wirklichkeit und die Fähigkeit zu Kritik? Das sind Fragen, die seit Beginn des Krieges gegen die Ukraine vermehrt gestellt werden. Viele wollen wissen, ob die Menschen in Russland wirklich daran glauben, dass die Ukrainer:innen Faschisten seien. Glauben sie, dass Putin die Ukraine befreien will, dass der Westen Russland provoziere, erniedrige und kränke? Was macht das mit Rezipient:innen, täglich und fast ausschließlich Verkehrungen zu lesen? Erleichtert es ihnen, den Krieg zu ertragen? Können sie ihn auf diese Weise billigen? Ermöglicht ihnen der Glaube an die Desinformation, selbst nicht handeln zu müssen, gegen den Krieg nicht aufbegehren zu müssen?

Orwell bezeichnete Verkehrungen vor allem als Übungen in »Doppeldenk«:

> Sogar die Namen der vier Ministerien, von denen wir regiert werden, legen mit ihrer bewußten Tatsachenverkehrung eine gewisse Unverschämtheit an den Tag. Das Ministerium für Frieden befaßt sich mit Krieg, das Ministerium für Wahrheit mit Lügen, das Ministerium für Liebe mit Folter, das Ministerium für Überfülle mit Hungertod. Diese Widersprüche sind weder zufällig, noch resultieren sie aus gewöhnlicher Heuchelei: es sind vielmehr gezielte Übungen in Doppeldenk. Denn nur durch die Versöhnung von Widersprüchen läßt sich Macht unbegrenzt behaupten.[1]

Doppeldenk soll die Fähigkeit einüben, den Widerspruch zwischen Ideologie und Realität auszuhalten. Die Menschen sehen zwar die Realität mit eigenen Augen, von ihnen wird aber dennoch verlangt, die selbst wahrgenommene Realität zu ignorieren und an die falsche Darstellung der Realität zu glauben. In die Sprache der Gegenwart übersetzt: Fakten werden als Fiktionen gedeutet, selbst dann, wenn man täglich mit ihnen konfrontiert ist. Dies zeigte sich etwa zu Beginn der Coronapandemie, als versucht wurde, die Existenz des Virus zu leugnen. Oder als Trump die Wahlergebnisse, die ihm nicht passten, einfach konsequent umerzählte. Und in Russland wird derzeit die Existenz des Krieges gegen die Ukraine geleugnet. Parodiert wurde dieses die Realität durch den Diskurs ersetzende Doppeldenk im 2022 erschienenen Film *Don't look up* von Regisseur Adam McKay. Darin wird die Existenz eines auf die Erde zurasenden Kometen, dessen Laufbahn von Wissenschaftler:innen exakt berechnet wurde, von ›Kometenleugner:innen‹, selbst als sie den Kometen am Himmel bereits sehen, noch abgestritten.

In *1984* beschreibt Orwell Doppeldenk vor allem als »Finesse«, als tragisches Vermögen:

> Winston ließ die Arme sinken und füllte seine Lungen langsam mit Luft. Seine Gedanken entglitten in die labyrinthische Welt des Doppeldenk. Zu wissen und nicht zu wissen, absoluter Wahrhaftigkeit innezusein, während man sorgfältig konstruierte Lügen erzählte, gleichzeitig zwei einander ausschließende Ansichten zu vertreten, zu wissen, daß sie widersprüchlich waren, und an beide zu glauben; die Logik gegen die Logik ins Feld zu führen, die Moral abzulehnen und sie für sich in Anspruch zu nehmen; an die Unmöglichkeit der Demokratie zu glauben und daran, daß die Partei die Hüterin der Demokratie war; zu vergessen, was vergessen werden mußte, um es sich dann wieder ins Gedächtnis zu rufen, wenn es gebraucht wurde, und es dann gleich

> wieder zu vergessen; und vor allem, eben dieses Verfahren auf das Verfahren selbst anzuwenden. Das war die höchste Finesse: bewußt die Unbewußtheit herbeizuführen und sich dann wieder des eben vollbrachten Hypnoseakts unbewußt zu werden. Allein schon das Begreifen des Wortes »Doppeldenk« beinhaltete den Gebrauch von Doppeldenk.[2]

Die Versöhnung von Widersprüchen zielt hier nicht auf eine Dialektik, die wie bei Hegel am Ende die Widersprüche in einer Synthese aufhebt, es geht hier vielmehr um die Macht, die sich über den Widerspruch hinwegsetzt und ihn als Ersetzung durch das Gegenteil missbraucht. Wenn sich das Ministerium für Frieden bei Orwell mit Krieg befasst, dann wird nicht nur das Wort Frieden durch Krieg eingetauscht, sondern der tatsächlich stattfindende Krieg wird als Frieden bewertet.

In *Die Zukunft ist Geschichte* schreibt Masha Gessen von »Doppeldenk« als Fähigkeit, die sich über die Zeit der Sowjetunion hinaus als Alltagstechnik erhalten habe. Gessen gewinnt diese Erkenntnis aus Gesprächen mit dem Soziologen Lev Gudkov, dem Leiter des russischen Meinungsforschungsinstituts Levada-Zentrum, eine Position, die er vom 2006 verstorbenen Namensgeber des Zentrums, Jurij Levada, übernommen hatte. Levada war es, der in Russland die ersten Meinungsumfragen zwischen 1989 und 1991 initiierte und dem dabei auffiel, dass die Leute keineswegs indoktriniert waren, sondern – wie er es formulierte – in »Antinomien« dachten. Es waren alte sowjetische Antinomien, die unter anderem auf einem Widerspruch zwischen Realität und Ideologie basierten: Der Staat sprach von sowjetischer Überlegenheit, während die Menschen im Mangel lebten. Der Staat sprach von Gleichheit, während die Menschen eine hierarchische Privilegienwirtschaft erlebten, von der sie entweder profitierten oder die sie benachteiligte. Der Soziologe Detlef Pollack nannte diese Politik und diese Erfahrung, bezogen auf das Leben in der DDR, eine »konstitutive Widersprüchlichkeit«,[3] also eine, die nicht einfach passierte, sondern die Teil des Systems war. Levada hatte festgestellt, dass das Denken in Antinomien nicht gemeinsam mit der Sowjetunion untergegangen war, sondern sich in der Generation der Älteren hartnäckig hielt, wie sich etwa in Umfragen zeigte, in denen ein großer Prozentsatz von Menschen Freiheit als zentrales Kriterium der Zukunft ansah, sich aber gleichzeitig eine starke Autorität wünschte, die diese herstellen sollte. Auch die Einstellung der Russen gegenüber den USA konnte nach Levada als ein mustergültiges Doppeldenkbeispiel in den 1990er-Jahren gelten: Die USA »erschien[en] zugleich attraktiv und bedrohlich, zugleich nachahmens- und überaus hassenswert«.[4] Aber: Levada sagte voraus, »Doppeldenk« würde in der nächsten Generation nachlassen und mit ihm der Sowjetmensch aussterben.

Dass sich »Doppeldenk« erhalten hat und dass Desinformation »Doppeldenk« gezielt adressiert, sehen wir täglich in vielen Facetten, nicht nur in autoritären Staaten. Vermutlich fallen jedem von uns viele solcher konstitutiven Widersprüche ein: Politiker, die aus der Elite kommen, denen es nichts ausmacht, gegen Eliten zu mobilisieren, Menschen, die ›Heimat‹ zum zentralen konservativen Wertebegriff machen, sich aber gleichzeitig nicht für den Schutz der Umwelt dieser Heimat einsetzen, ein Präsident, der nachgewiesenermaßen dauernd lügt, und jene Presse, die diese Lügen aufklärt, als »Lügenpresse« beschimpft, oder Putin und die russische Regierung, die den Westen als dekadente Hölle bezeichnen, sich gleichzeitig aber mit den Konsumprodukten dieser Hölle schmücken, Villen im Tessin, Monaco und London kaufen, dort ihre Kinder zur Schule gehen lassen, im Westen ihr Geld horten, Scheinfirmen gründen, und so weiter. Die Liste ließe sich endlos fortsetzen. Und neben solchen konstitutiven Widersprüchen leben wir selbst in welchen, wenn wir etwa den durch Fakten belegten Klimawandel einsehen und trotzdem kaum etwas dagegen tun. Die Menschen sind in der Lage, die Realität, in der sie leben, die sie wahrnehmen, nicht als Widerspruch zu jener Ideologie zu sehen, die dieser – ihrer – Realität, widerspricht. Oder schlimmer noch: Während Ideologien ständig versuchen, innere Widersprüche auszuräumen, zwingen sie ihre Rezipient:innen dazu, die durch die Ideologie produzierte Widersprüchlichkeit in der Realität auszuhalten.

Der russische Künstler Vadim Zakharov hat deshalb nicht von ungefähr nach dem Beginn des russischen Krieges gegen die Ukraine einen Brief formuliert, der die Überschrift »Nie mehr Doppeldenk« trägt. Er schreibt: »Ich, der Künstler Vadim Zakharov, verbiete hiermit, dass meine Arbeiten und Kunstwerke, die in russischen Museen und Kunstsammlungen gelagert werden, in Russland ausgestellt werden.«[5] Er spricht an, was viele Künstler:innen nicht nur in Bezug auf den Krieg, sondern ganz generell als Doppeldenk der Kunst anprangern: Man kann nicht Kunst produzieren, die ästhetisch und inhaltlich kritisch ist, und diese zugleich in einen Markt einspeisen, der diese Kritik ignoriert. Zakharov geht es in diesem konkreten Fall darum, mit der eigenen Kunst nicht Teil eines Kunstbetriebs sein zu wollen, der sich nicht öffentlich vom Krieg gegen die Ukraine distanziert.

Das gezielte Hervorbringen von »Doppeldenk« in der Desinformation spekuliert auf die Fähigkeit des Menschen, mit und in Antinomien leben zu können.[6] Das betrifft nicht nur Widersprüche zwischen Realität und Diskurs beziehungsweise Ideologie, sondern auch Widersprüche innerhalb von Aussagen und Narrativen.

Die Literaturwissenschaftlerin Nicola Gess hat ähnliche (narrative) Antinomien – bezogen auf den Wahrheitsgehalt von Aussagen – »Halbwahrheiten« genannt. Gess geht es in ihrer gleichnamigen Studie vor allem darum zu zeigen, dass Halbwahrheiten Äußerungen sind, »die nur zu einem Teil auf tatsächlichen Ereignissen, zu einem anderen aber auf fiktiven Inhalten basieren«.[7] Eine Widerlegung würde deshalb »in der Regel dem Muster des ›Ja, aber‹ folgen und schon allein aufgrund dieser Komplexitätssteigerung weniger Gehör finden oder in der Rezeption auf das ›Ja‹ reduziert werden«.[8]

Gess untersucht diese Halbwahrheiten an aktuellem Material – Reden von Trump, den Hochstapeleien des Journalisten Claas Relotius, den Verschwörungstheorien von Ken Jebsen und den öffentlichen Aussagen von Uwe Tellkamp. Was Gess Halbwahrheiten nennt, gehörte jedoch schon immer zum Prinzip jener Desinformation, die der russische Geheimdienst nach 1917 entwickelt hatte. Desinformation sollte die Gleichzeitigkeit von Lüge und Wahrheit beinhalten. Wirft man einen Blick auf die gängige Definition, hier in der DDR-Variante aus dem *MfS-Lexikon*, dann kann man die paradoxe Grundstruktur der Desinformation sofort erkennen. Es handelt sich dabei um eine »bewusste Verbreitung von den Tatsachen grundsätzlich oder teilweise widersprechenden Informationen«.[9] Zur »Zersetzung« von Personen sollten dabei »plausibel erscheinende Informationen und gefälschte Dokumente« eingesetzt werden, die die »systematische Diskreditierung des öffentlichen Rufes, des Ansehens und des Prestiges auf der Grundlage miteinander verbundener wahrer, überprüfbarer diskreditierender sowie unwahrer, glaubhafter, nicht widerlegbarer und damit ebenfalls diskreditierender Angaben« ermöglichen.[10] Zwei Formulierungen fallen auf: zum einen die grundsätzlich oder teilweise den Tatsachen widersprechenden Informationen, zum anderen die Verwendung »wahrer, überprüfbarer«, gleichzeitig »unwahrer, glaubhafter« Angaben. Die Staatssicherheit der DDR, und man kann davon ausgehen, dass sie diese Richtlinie vom KGB übernahm, arbeitete also mit Halbwahrheiten, die eine ganz bestimmte Funktion hatten – und diese hat mit der Verkehrung ins Gegenteil zu tun. Die wahren, überprüfbaren Angaben sollen auch die Lügen innerhalb der Aussage in Wahrheit verwandeln. Sie wirken wie eine Maschine der Glaubwürdigkeit: Wenn etwas an der Aussage wahr ist, kann das andere, was noch gesagt wurde, nicht ganz falsch sein. Das bedeutet, dass Verkehrungen ins Gegenteil nicht nur Tauschpraktiken sind, nicht nur die Semantik von einzelnen Wörtern umkodieren, sondern dass sie Aussagen, falsche Aussagen, durch Faktenwahrheiten glaubwürdig zu machen versuchen. Das beste Beispiel ist die russische Auslandspropaganda von RT, insbesondere deren Plakatkampagnen: Sie kritisieren – und zum Teil durchaus berechtigt – zum Beispiel die verlogenen Begründungen des Irakkriegs durch die USA, um daraus dann die Schlussfolgerung zu ziehen, dass RT und die russische Politik die einzige Alternative seien. Mit RT soll man gemeinsam mit der russischen Regierung Clinton, Merkel, die EU, den Neoliberalismus und so weiter kritisieren können. Teilweise nachvollziehbare Kritik schafft so gleichzeitig eine Zustimmung zur russischen Politik. Denn wer dermaßen kritisch sei und den Finger auf den wunden Punkt lege, der könne sich selbst gegenüber nicht unkritisch sein, der könne über sich selbst nicht lügen.

12. Die Pathologisierung der Wahrnehmung: Gaslighting

Neben Doppeldenk gibt es noch ein anderes Verfahren, das in den letzten Jahren aus der Mottenkiste der Literatur wieder ans Licht kam, um Praktiken der Desinformation zu beschreiben: *Gaslighting*. Zahlreiche Überschriften in der internationalen Presse titelten zum Beispiel »Putin is gaslighting the world« oder »Putin is gaslighting us all – and it looks like we're going to have to accept it«.[1] Und auch der amerikanische Außenminister Antony Blinken benutzte im Mai 2022 den Begriff Gaslighting in Bezug auf Putin.[2] Aber nicht erst seit Beginn des russischen Krieges gegen die Ukraine wird Gaslighting als Kennzeichnung für Desinformation verwendet. Schon während der Regierungszeit von Donald Trump avancierte der Begriff in den USA zu einer Beschreibungsfigur für dessen Politik: »Trump, and the history of political gaslighting« oder »Trump is gaslighting America«[3] lauteten Überschriften in der US-amerikanischen Presse.

Wenn bei Doppeldenk gefordert wird, den Widerspruch zwischen eigener Realitätswahrnehmung und Ideologie zu ignorieren, also zwischen widersprüchlichen Erfahrungen einfach ein Gleichheitszeichen zu setzen, dann ist Gasligthing darauf aus, die Realitätswahrnehmung zu zerstören. Gaslighting zielt im Grunde auf jene, die nicht bereit sind für Doppeldenk. Denn bei Gaslighting soll die eigene Wahrnehmung durch die vorgetäuschte Wirklichkeit eines Anderen substituiert werden. Die Verkehrung dient bei Gaslighting der Auslöschung der eigenen Wahrnehmung, bei Doppeldenk dient die Verkehrung der Auslöschung von Widersprüchen.

Der Begriff stammt, wie gesagt, aus der Literatur, genauer aus dem Theaterstück *Angel Street/ Gaslight* des britischen Dramatikers Patrick Hamilton aus dem Jahr 1938. Hamilton beschreibt darin einen psychischen Missbrauch, der das Opfer an seiner Realitätswahrnehmung zweifeln lässt. Das im Jahr 1880 in England spielende Drama handelt von dem Ehepaar Jack und Bella Manningham. Sie leben in einem Apartment und über ihnen wohnte einst die reiche Alice Barlow, die wertvolle Juwelen besaß und ermordet wurde, deren Mörder jedoch niemals gefasst wurde. Jack geht Nacht für Nacht in Alice Barlows Wohnung, um nach den Juwelen zu suchen. Als seine Ehefrau Bella bemerkt, dass das Gaslicht in ihrer gemeinsamen Wohnung geringer wird, leugnet er ihre Wahrnehmung, denn er weiß, dass dies passiert, wenn er in der Wohnung oberhalb Licht zum Suchen der Juwelen Licht einschaltet. Er streitet ab, dass Bella Schritte gehört haben kann, die durch ihn in der oberen Wohnung verursacht wurden. Kurzum: Jack will, dass Bella glaubt, sie könne sich auf ihre Wahrnehmung nicht verlassen und sei verrückt, weil ihre ganz und gar korrekte Wahrnehmung ihn als Verbrecher überführen könnte. In der Psychologie wurde der Begriff ›Gaslighting‹ übernommen und als Form psychischer Gewalt beschrieben. Gaslighting führt dazu, dass Menschen der eigenen Wahrnehmung nicht mehr vertrauen, weil diese von Anderen als erfunden, eingebildet, ja fantastisch dargestellt wird. Die eigene Wahrnehmung wird in solchen Fällen konsequent durch Andere pathologisiert. Gleichzeitig zwingen diese Anderen den Betroffenen ihren Diskurs beziehungsweise ihre eigene Fantasie als Realität auf.

Gaslighting ist in diesem Sinn geradezu zu einer Metapher für die russische Gegenwart geworden. Wenn die russische Autorin Maria Stepanova darauf hinweist, dass Widerstand gegen den Krieg, den Russland in der Ukraine führt, nun bedeuten müsse, »sich von der Diktatur einer fremden Fantasie zu befreien«,[4] dann spielt sie darauf an, dass man aus dem putinschen Gaslighting herauskommen müsse. Wie wir wissen, zwingt Putins Regime den russischen Bürger:innen nicht irgendeine Fantasie auf, sondern jene von einer verkehrten Welt, in der der Westen Russland hasse und erniedrige, in der Russland die Ukraine und Europa vom Faschismus befreien müsse. Das Gaslighting verkehrt so nicht einfach eigene in fremde Wahrnehmung, sondern die aufgezwungene fremde Fantasie ist zudem eine Verkehrungsfantasie. Das Ziel Russlands scheint dabei klar: Wenn wir gegen den Faschismus kämpfen, dann gibt es auch keinen Grund, sich der »Spezialoperation« und der russischen Regierung zu widersetzen. Wenn die Fähigkeit, der eigenen Wahrnehmung und Rezeption zu vertrauen, erschüttert wird, dann greift das die Fähigkeit zu Kritik und Widerstand unmittelbar an. Gleichzeitig wird dafür gesorgt, dass die Propaganda nicht auffliegt.[5]

Die Verknüpfung von Gaslighting und Kritikfähigkeit wird noch in einem anderen Zusammenhang deutlich, am gezielten Einsatz von Gaslighting bei Regimekritiker:innen. In den Archiven der ehemaligen osteuropäischen Geheimdienste lässt sich detailliert erforschen, wie die Manipulation der Wahrnehmung mithilfe der sogenannten »operativen Psychologie« stattgefunden hat. Während die öffentliche Propaganda durch eine fiktive Wirklichkeit die reale Erfahrung ersetzen sollte, sollten operative Maßnahmen der Staatssicherheit die Wahrnehmung von einzelnen oppositionellen Personen gezielt »zersetzen«, wie es im Stasijargon hieß. Eine Zersetzung konnte zum Beispiel darin bestehen, die operativen Maßnahmen (Bedrohung, Verleumdung) der Staatssicherheit als eingebildet erscheinen zu lassen. Auf diese Weise sollte erreicht werden, dass die Wahrnehmung der betroffenen Person, durch den Staat beobachtet, verfolgt und bedroht zu werden, für Andere als völlig unglaubwürdig erschien und folglich als pathologische Wahrnehmung eingeschätzt wurde.

Im Archiv der BStU (Behörde zur Aufarbeitung der Stasiunterlagen) finden sich etwa Akten über den Fall der Kinderärztin Karin Ritter, die auch in Oppositionskreisen engagiert war. Neben der permanenten Streuung von Gerüchten über ihre Person wurde mehrfach in Ritters Wohnung eingebrochen, Bilder wurden neu platziert, Blumentöpfe verschoben, in den Dosen wurden Teesorten vertauscht. Die Staatssicherheit erzeugte massive Irritationen im Leben der Ärztin und konstatierte zufrieden, dass »die R. gegenwärtig allein nicht motiviert und in der Lage ist, Aktivitäten im Sinne der politischen Untergrundtätigkeit auszulösen bzw. durchzuführen«.[6] In solchen Fällen wird das Ereignis durch dessen Unüberprüfbarkeit oder Leugnung in die Einbildungskraft der Betroffenen verschoben; deren Wahrnehmung wird pathologisiert.[7] Auch der russische Schriftsteller Vladimir Vojnovič beschreibt in seinem autobiografischen Roman *Delo No 34840* (»Akte Nr. 34840«) eine solche Manipulation seiner Wahrnehmung. Vojnovič schrieb die Autobiografie Anfang der 1990er-Jahre, weil er hoffte, im Zuge der Perestroika an seine KGB-Akte zu kommen, mithilfe derer er herausfinden wollte, ob die Symptome, die er nach einem von zwei KGB-Offizieren durchgeführten Verhör im April 1974 im Hotel Metropol verspürt hatte, von einer Vergiftung stammten. Vojnovič hatte gegen Ende des Verhörs Schwindelanfälle, war abwesend und desorientiert. Der Zustand hielt tagelang an, hinzu kamen Herzrasen und eine verfärbte Haut. Niemand wollte ihm damals glauben, dass sein Zustand etwas mit dem Gespräch im Hotel Metropol zu tun haben könnte, auch befreundete Ärzte winkten ab und hielten ihn für paranoid oder verwirrt.[8]

Heute wissen wir von vielen vergleichbaren Vergiftungsgeschichten, erst jüngst die des russischen Regimekritikers Aleksej Navalnyj und des Satirikers Dmitri Bykov (2019), zuvor die Vergiftung des russischen Aktionskünstlers Petr Verzilov (2018). In all diesen Beispielen wurden die Betroffenen nicht nur vergiftet, sondern auch damit konfrontiert, dass die russische Propaganda die Vergiftung als Inszenierung, als fantastisch und unglaubwürdig abtat.[9]

Vojnovič hatte, weil ihm niemand glaubte, noch zwanzig Jahre später das Bedürfnis, den Grund für seine Symptome zu erfahren. Aber die Suche nach seiner Akte blieb ergebnislos. Es nützte auch nichts, dass er sich an Boris Jelzin wandte, letztlich teilte man ihm mit, die Akte sei 1991, zwei Wochen vor seiner Gesuchstellung, fast vollständig vernichtet worden. Die einzelnen Schriftstücke, die man ihm übergab, lüfteten das Geheimnis nicht, sie ließen Vojnovič endgültig im Ungewissen. Selbst bei der Suche nach der Akte also wurde ihm noch eine weitere unwahrscheinliche Story aufgetischt.

Solche Vergiftungen hätte Heinrich von Kleist wohl eine »unwahrscheinliche Wahrhaftigkeit«[10] genannt. Mit dieser Bezeichnung fasste er Phänomene, die zwar in der Wirklichkeit stattfinden, gleichzeitig aber so unwahrscheinlich klingen, dass man glauben muss, sie seien erfunden. Denn zu bezweifeln, dass ein politisches System seine Kritiker:innen vergiftet, klingt zunächst vernünftiger, als diesem System derartiges zu unterstellen. Oder anders formuliert: Wenn die Propaganda glaubwürdiger, ja wahrscheinlicher erscheint als die Aussagen der Betroffenen, dann ist Gaslighting erfolgreich.

Die durch das Gaslighting erzielten Verkehrungen haben also eine noch mal andere Funktion als diejenigen bei der ›Subversion von oben‹. Während Letztere vor allem eine invertierte Legitimation von Repression und Terror darstellt, geht es hier vor allem darum, eine Subversion von unten zu verhindern. Gaslighting ist auf die Kritikfähigkeit des Einzelnen und der Gesellschaft gerichtet, sie soll diese verhindern, indem sie die Unterscheidbarkeit von Realität und Fiktion, die für Kritik eine Voraussetzung bildet, zerstört. Dabei soll das »Zersetzen« zuallererst eine Störung des Verhältnisses zu sich selbst bewirken, die Selbst- und Realitätswahrnehmung manipulieren, denn im Verhältnis zu sich selbst, so schon Foucault, liegt der Schlüssel zum Widerstand gegenüber der Macht.[11] Ist das Verhältnis zu sich selbst gestört, ist kein Widerstand mehr möglich.

13. »Bitte rette uns nicht!«

Als Putin den Krieg mit der Lüge, die Ukraine »entnazifizieren« zu wollen, legitimieren wollte, war der Faschismusvorwurf weder für Ukrainer:innen noch für Russ:innen neu. Man hörte ihn schon lange. Die bewusste Diskreditierung der Ukrainer:innen als Faschist:innen begann bereits zur Zeit der Sowjetunion, wurde aber rund um den Euromajdan, die Proteste zwischen November 2013 und Februar 2014, erneut vorgebracht. Damals protestierten die Ukrainer:innen, weil die ukrainische Regierung erklärt hatte, das Assoziierungsabkommen mit der Europäischen Union vorerst nicht unterzeichnen zu wollen. Die Demonstrant:innen forderten die Amtsenthebung von Präsident Viktor Janukovyč, vorzeitige Präsidentschaftswahlen sowie die Unterzeichnung des Assoziierungsabkommens. Als ab dem 18. Februar 2014 die Situation eskalierte und es zu über hundert Todesopfern kam, flüchtete Janukovyč nach Russland und bezeichnete die Ereignisse rund um den Majdan Nezaležnosti als faschistischen Putsch. Ähnliches geschah dann auch vor dem Referendum auf der Krym: Dort wurden Wahlplakate aufgehängt, die auf der linken Seite eine ukrainische Krym mit einem Hakenkreuz und Stacheldraht zeigten und auf der rechten Seite eine unter russischer Flagge, dazwischen das Wort »ili« (oder).[1] Auf anderen Plakaten, auf denen schwarze Gestalten auf der Ukraine herumtrampeln, konnte man Parolen lesen wie zum Beispiel »Stop. Der Faschismus wird nicht durchkommen. Alle zum Referendum«.[2]

Die Faschismusvorwürfe sollten den Einmarsch als ›Rettung‹ russischsprachiger Bürger:innen außerhalb der Grenzen Russlands rechtfertigen, mitunter wurden sie auch als ›Einladung‹ ebenjener russischsprachigen Bevölkerung an Russland dargestellt.[3] Doch auch diese Semantik ist nicht neu und nicht nur auf den Krieg Russlands gegen die Ukraine beschränkt. Schon der Krieg gegen Georgien wurde ähnlich legitimiert. So hatte Aleksander Dugin 2008 formuliert, dass »Landsleute außerhalb der russischen Grenzen beschützt«[4] und gerettet werden müssten. Und auch nun, 2022, versuchen Putin und die russischen Medien, den russischen Überfall auf die Ukraine als eine Rettungsaktion darzustellen.[5] Während in Buča und an anderen Orten ukrainische Zivilist:innen hingerichtet werden, zeigt das russische Staatsfernsehen konsequent die ›Rettung‹, zeigt, wie Hilfsgüter verteilt, wie Minen durch das russische Militär entschärft werden.

»Das Hauptziel der Operation in der Ukraine«, so Putin am 18. März 2022 vor jubelnder Menge im Fussballstadion Lužniki, »ist die Rettung der Menschen vorm Genozid. Mir kommen Worte aus der Heiligen Schrift in den Sinn: ›Es gibt keine größere Liebe, als wenn einer sein Leben für seine Freunde hingibt‹.«[6]

Bereits 2014 veröffentlichte die seit 2011 in Wien lebende Schriftstellerin Tanja Maljarčuk in der *FAZ* einen Essay, in dem sie schreibt: »Bitte rette uns nicht!«[7] Sie beschreibt, was es bedeutet, wenn die Okkupation der Krym von Beginn an konsequent als »Rettung« dargestellt wird und der Widerstand auf dem Majdan als von Faschist:innen angezettelt und vom CIA finanziert: »Du fragst dich ständig: wer hat die Faschisten auf dem Majdan in Kiew finanziert? [...] Wir sind Faschisten, sagst du jetzt, Russland. Das wiederholen viele deiner Söhne und Töchter sobald sie die ukrainische Sprache hören. Schon achtzig Jahre sind wir Faschisten, und ich frage dich, weshalb verdienen wir diese Anrede? Wie viele Konzentrationslager habe ich gebaut? Wie viele andere Völker umgebracht?«[8] Maljarčuk demonstriert die Zumutung, die hinter dieser Verkehrung steht, die Kritik an Autokratie, Korruption und Ämterpatronage als Faschismus, das heißt als das maximale Gegenteil, beschreibt. Auch Serhij Žadan antwortete 2014 in einem Interview mit dem *Spiegel* auf den Faschismusvorwurf, indem er darauf hinwies, dass diese Hassrede insbesondere die Ost- gegen die Westukrainer:innen aufbringen solle: »Die russische Propaganda und die Medien der gestürzten Janukowytsch-Regierung haben mit ihrer Diffamierung der Bewegung dazu [zum Aufstand gegen die eigene Regierung in der Ostukraine] beigetragen. So konnte sich bei den Bewohnern der Ostukraine das Bild von den ›Faschisten auf dem Maidan‹ festsetzen, die bald kommen und alle in KZs sperren werden.«[9] Und als der *Spiegel* fragte: »Von westlichen Linken kommt immer wieder der Vorwurf, es seien zu viele Faschisten dabei ...«, antwortete Žadan: »Die westlichen Linken haben meiner Meinung nach ein Terminologieproblem: Faschisten sind diejenigen, die in ihrem Land einen Personenkult installieren und sich gegenüber anderen Ländern aggressiv verhalten. In der Ukraine gibt es weder eine Diktatur, noch Rassismus, noch staatlichen Nationalismus – und behaupten Sie ja nicht das Gegenteil. Im ukrainischen Parlament sitzen weniger Rechte als im Europaparlament«.[10] Schon zuvor hatte Žadan darauf aufmerksam gemacht, dass die prorussische Regierung in der Ukraine unter Janukovyč alle ›Unbequemen‹ als »Faschisten«, die EU als »Euro-Sodom« und die Demonstrierenden als »Eurofaschisten« bezeichnet habe.[11] Diese Frage- und Antwortsituation im *Spiegel* zeigte auch die Doppeladressierung des Vorwurfs. Denn es ging nicht nur darum, die Ukrainer:innen mit dem Vorwurf zu demütigen, ihren demokratischen Willen als das Gegenteil auszugeben, einen Krieg zu legitimieren und die Westukrainer:innen gegenüber den Ostukrainer:innen als Faschist:innen zu denunzieren, um die prorussische und russische Okkupation zu rechtfertigen, sondern mit der Verkehrung sollte auch eine Desolidarisierung antifaschistischer Kräfte des Westens mit der Ukraine angestrebt werden. Der Faschismusvorwurf sollte die Proteste auf dem Majdan, also den Willen zu Demokratie, als faschistisch – und zugleich als von faschistischen Interessen des Westens finanziert – ausweisen. Ähnlich wurde auch die Protestbewegung in Belarus und in Russland diskreditiert.

Der Faschismusvorwurf soll zunächst einmal demütigen und er soll Gewalt legitimieren. Dass er von denjenigen, die die Gewalt ausüben, selbst nicht ernst genommen wird, sondern reine Parole, ja regelrecht Theater ist, auch darauf haben Künstler:innen bereits hingewiesen. So zeigt der belarussisch-ukrainische Regisseur Sergei Loznitsa in seinem Film *Donbass* (2018) mehrere Szenen, in denen diejenigen, die Andere als Faschisten bezeichnen, selbst nicht an den Vorwurf glauben, ihn aber dennoch ständig als machtvolle rhetorische Waffe einsetzen. Loznitsas Film erzählt mithilfe von Laien und professionellen Schauspieler:innen in dreizehn Szenen vom Alltag in den durch sogenannte prorussische Separatist:innen besetzten Gebieten der Ukraine, der »Donezker Volksrepublik«, jener Volksrepublik, die Putin am 21. Februar 2022 als »unabhängig« anerkannt hat. Die Szenen spielen im Bus, bei einer Stadtversammlung, in einem Krankenhaus, bei der Grenzkontrolle der Separatist:innen, im Luftschutzkeller, auf einer Hochzeit und beim Kommandeur der Volksrepublik. Es sind Reinszenierungen dessen, was gewöhnliche Menschen im Donbass dokumentiert und zum Teil auf Youtube hochgeladen haben, mitunter mit dem originalen Wortlaut. Aber dieses Dokumentierte ist oftmals selbst schon Theater und Täuschung gewesen. So beginnt der Film in einem Wagen, in dem Laien und Schauspieler:innen geschminkt werden und, wie es aussieht, auf ihren Einsatz in einem Film warten. Geschminkt werden ihnen vor allem Augenringe, damit sie im Krieg möglichst authentisch rüberkommen. Die Schauspieler:innen werden dann, während man im Hintergrund eine Detonation hört, zwischen Garagen und kaputten Gebäuden auf einen Platz geführt, wo man das Resultat der Detonation sieht, einen komplett zerstörten Bus, Leichen liegen auf der Straße. Im selben Moment versteht man, wofür die Schauspieler:innen, darunter auch ein TV-Team, an diesen Ort geführt worden sind. Sie sollen in einer gestellten Befragung ihr Entsetzen über die Angriffe der gegnerischen Seite ausdrücken. Am Ende des Films kommt Loznitsa auf diese Szene zurück. Wieder sieht man den Wagen, wieder werden die Schauspieler:innen darin geschminkt. Doch dieses Mal werden sie ›real‹ umgebracht. Auch hier haben wir es mit einem filmischen Metakommentar der permanenten Verkehrung ins Gegenteil zu tun, der als Rahmen des gesamten Filmes funktioniert: Die Realität wird konsequent durch Inszenierung ersetzt, während sie selbst, die Realität, nicht abgebildet wird.

Der Faschismusvorwurf nun wird bei Loznitsa vor allem als Theater gezeigt, das beliebig von den Separatist:innen zur Erniedrigung des ›Gegners‹ eingesetzt werden kann. In einer Szene werden junge Männer von einer alten Kommandeurin als »Faschisten« beschimpft, die aus dem Land, das von der »faschistischen Pest« befallen sei, das heißt aus der Westukraine, kämen. Als dann auch noch ein deutscher Journalist auftaucht, gibt es kein Halten für den Faschistenvorwurf mehr: »Walter, Michael. Deutschland. Ein Faschistenschwein. Jetzt fick die Luzie. Einen Faschisten eingefangen. [...] Du bist bei Faschisten gewesen. Du hast Faschisten begleitet.« Das

Ganze hört erst auf, als die Kommandeurin ruft: »Schluss jetzt, jetzt reicht's mit der Verarsche.«[12]

Die Szenen sind kaum auszuhalten. Entsprechend sind auch die Reaktionen auf den Film. Wie Muriel Fischer schreibt,[13] wurde der Film selbst Ziel einer Desinformationskampagne von RT Deutsch, was wiederum auf der Seite *Stopfake* kritisiert wurde. RT warf dem Regisseur vor, er betreibe mit erfundenen Szenen Propaganda für die ukrainische Regierung. Um das zu beweisen, verwendete RT ausgerechnet eine seiner typischen gestellten Umfragen in der Bevölkerung im Donbass.[14] Sie machten also genau das, was Loznitsa in seinem Film bereits parodiert hatte: Bezahlte Laienschauspieler:innen bezeugen im Film, dass eine Explosion von gegnerischer Seite zahlreiche Menschen getötet habe. Bei RT sind es Leute, die ›bezeugen‹, dass die Filmszenen von Loznitsa frei erfunden seien.

Welche Rolle der Faschistenvorwurf in den von prorussischen Separatist:innen besetzten Gebieten spielt, beschreiben auch Alisa Kovalenko und Stanislav Aseev. Die Dokumentarfilmerin Alisa Kovalenko hat gemeinsam mit dem Theatre of Displaced People das Stück *Gefangenschaft* (*Plen*) erarbeitet, in dem Kovalenko ihre fünftägige Gefangenschaft in der Wohnung eines Separatisten und ihre brutale Vergewaltigung nacherzählt. Auch sie wurde damals als Faschistin bezeichnet: »Seht her, wir haben eine Faschistin gefangen. Sie will uns hier alle töten.«[15] Auch ihr Peiniger rechtfertigte ihre Gefangenschaft und letztlich auch ihre Vergewaltigung mit ihrer »Rettung« und mit ihrem »Schutz«.[16] Die Vokabeln und Narrative werden also auch in Momenten widerlichster Gewalt zur Rechtfertigung ebendieser Gewalt verwendet und verdoppeln somit die Folter, indem sie sie als etwas Gutes darstellen.

Der Schriftsteller Stanislav Aseev wiederum berichtet in seinem Buch *Heller Weg* (*Svetlyj put'*, 2020) über seine Haft in dem berüchtigten illegalen Gefängnis Isoljazija, einem Foltergefängnis. Aseev, der zunächst unter dem Pseudonym Stanislav Vasin für Radio Svoboda Texte verfasst hatte, wurde bei einer Recherche im Donbass am 2. Juni 2017 vom »Ministerium für Staatssicherheit der Volksrepublik Donezk« verschleppt, erst ein Gefangenenaustausch zwischen der Ukraine und den prorussischen Volksrepubliken ermöglichte seine Freilassung. In einem gemeinsamen Artikel mit dem Politikwissenschaftler Andreas Umland schreibt er, dass viele Beobachter:innen »der Erzählung des Kremls [vertrauen], dass der Krieg in der Ostukraine angeblich in Menschenrechtsverletzungen der Zentralregierung in Kyjiw wurzelt« und sich die Separatisten nur gegen ein neues »›faschistisches‹ Régime«[17] zur Wehr setzen. Für sie sei es naheliegender zu glauben, dass rechte ukrainische Randgruppen Übergriffe auf Ostukrainer:innen verübten, als dass es mitten im Osten der Ukraine ein Foltergefängnis gibt, in dem bis zu achtzig Häftlinge, darunter auch Frauen, gequält werden.

Der Faschismusvorwurf, die basale Verkehrung, mit der der Krieg gerechtfertigt werden soll, ist nicht nur mehrfach adressiert – an den Westen, an die Ukrainer:innen, an die Russ:innen –, auch seine Semantik ist mehrdeutig. Zunächst ist er als doppelte Demütigung der Ukrainer:innen gedacht, nicht nur, weil es sich bei der Aussage um eine Lüge handelt, sondern weil diese Aussage als Sprechakt einer permanenten Terrorisierung verwendet wird, als reines Machtinstrument, als Mittel ohne Ursache: Seht her, wir können euch Faschisten nennen, obwohl wir wissen, dass das nicht stimmt, aber wir machen das, weil wir die Macht dazu haben und weil wir euch damit beleidigen. Für die Russ:innen hingegen soll der Sprechakt als Rechtfertigung für Krieg und Gewalt dienen, als emotionale Entlastung, die dem Widerstand gegen das eigene, mit faschistischen Argumenten operierende Regime vorbeugt.

14. Verräterische Selbstadressierung

Nietzsche hat mit der »Umwertung der Werte« nicht nur von einer Schaffung des Feindes als Anderem gesprochen, sondern auch von dem Versuch, sich auf diese Weise selbst indirekt und inversiv als Gegenteil des Anderen zu erfinden. Ähnlich beschrieb Edward Said in seinen Überlegungen zum Orientalismus, wie westeuropäische Akteure den Orient als barbarisch und wild abgewertet hätten, um sich selbst als zivilisiert aufwerten zu können. Freud wiederum und später auch Horkheimer und Adorno haben die Erfindung des Anderen als Feind als Verdrängung und Projektion eigener unterdrückter Wünsche auf den Anderen gelesen. Und Taguieff analysierte die der Verkehrung (Retorsion) innewohnende Selbstadressierung als Aneignung von Theorien und Begriffen des Anderen, die dazu dienen, ein auf Differenz und Vielheit basierendes Denken in binäre Oppositionen und identitäre Vereindeutigungen zurückzudrängen.

Abschließend möchte ich anhand eines aufschlussreichen Wortwechsels auf der Weltbühne der Politik den Blick zurück auf die Autor:innen der Verkehrung lenken. Verkehrungen ins Gegenteil, ich hatte das schon mehrfach angedeutet, sind immer auch verdeckte inversive Selbstadressierungen, die einer verborgenen Konstitution des Selbst dienen. Denn immer geht es darum, das Selbst zu tarnen, Absichten zu verschleiern oder zu verdrängen und dabei den Blick auf den Anderen zu lenken – pathologisch oder strategisch. So erlaubt es der Blick auf die Absender:innen, die Verkehrung ins Gegenteil nicht nur oder nicht zuallererst psychologisch zu lesen, sondern als politischen Sprechakt:

Als Joe Biden im März 2021 auf die Frage eines Reporters, ob er Vladimir Putin für einen Mörder halte (»So, you know Vladimir Putin. You think he's a killer?«), antwortete: »Mmm hmm, I do«,[1] führte dies zu einem kurzen medialen und politischen Eklat sowie zu einem interessanten verbalen Schlagabtausch. Denn die Antwort von Putin ließ nicht lange auf sich warten. Sie verblüffte jedoch nicht nur, sondern führte auch – aus russischer Perspektive – zu einem internationalen Übersetzungsproblem. Das Missverständnis hatte mit der Verkehrung ins Gegenteil zu tun.

Putin antwortete auf Biden mit einem russischen Kinderspruch, der sich nicht so leicht in andere Sprachen übertragen lässt. Im Original lautet der Spruch: »Кто как обзывается, тот так и называется«[2] – wörtlich in etwa: »Wer einen Anderen so nennt, der heißt selbst so«. Das entspricht auf Deutsch ungefähr der Bedeutung des Kinderspruchs: »Was man sagt, ist man selber.« In englischen Zeitungen konnte man entsprechend folgende korrekte Varianten finden: »If you call someone names, that's really your name.«[3] Oder: »I am rubber, you are glue. Bounces off me and sticks to you.«[4] Bei diesen Beispielen bleibt das semantische Spektrum, dass etwas an einem selbst »haften bleibt«, was man jemandem entgegenwirft, oder dass man sich selbst charakterisiert, wenn man jemand Anderen schlechtmacht, gewahrt. Es gab aber auch eine interessante irreführende englische Übersetzung, die in der russischen Presse für Entrüstung sorgte: »It takes one to know one«[5] – also in etwa: »Um jemanden zu kennen, muss man selbst so sein«. Der russische Sender Ren-TV wertete diese Übersetzung sogar als bewusste Desinformation der »westlichen Medien« über Putin: »Die westlichen Medien übersetzten diesen Satz mit: ›it takes one to know one‹, was übersetzt so viel heißt wie ›ein Fischer erkennt einen anderen von Weitem‹ [*rybak rybaka vidit izdaleka*]. So verzerrten westliche Journalisten die Bedeutung des Satzes und erweckten den Eindruck, dass der russische ›Leader‹ angeblich mit Bidens Worten übereinstimmte.«[6]

Kein Wunder, dass diese Fehlübersetzung entsprechend für Aufruhr sorgte. Man stelle sich vor, der russische Präsident hätte ehrlicherweise geantwortet: »Ja, klar bin ich ein Mörder, aber du bist auch einer.«[7]

Die Fehlübersetzung und die damit verbundene Mehrdeutigkeit konnte die russische Presse so nicht stehen lassen. Denn Putin hatte durch seinen Spruch sagen wollen, dass Biden, indem er ihn, Putin, einen Mörder nenne, im Grunde sich selbst (und nur sich selbst) charakterisiere. Die Fehlübersetzung jedoch suggerierte, dass Putin Biden *auch* als Mörder betrachtete, dass Putin Biden also recht gebe beziehungsweise mit ihm einverstanden sei, dass *beide* aus dem »gleichen Holz« geschnitzt, beide Mörder seien.

Das korrekte Verständnis von Putins Aussage hing also direkt von der übersetzten Adressierung und Selbstadressierung ab. Putin wollte, weil er sich von Biden als Mörder adressiert sah, die Aufmerksamkeit auf Biden als Absender zurücklenken. Dabei verfolgte er jedoch zugleich ein politisches Ziel, und zwar von sich selbst als Absender *abzulenken*.

Um dies zu verstehen, werfe ich noch einmal einen Blick auf Putins ganze Aussage, denn er bettete den Kindergartenspruch in eine Reihe geradezu »psychologisch« anmutender Bemerkungen ein, die die inversive Selbstadressierung betreffen:

> Aber wenn wir andere Menschen bewerten, oder wenn wir sogar andere Staaten, andere Nationen bewerten, schauen wir immer wie in einen Spiegel, wir sehen dort immer uns selbst. Denn wir verlagern immer das auf einen anderen Menschen, was wir selbst atmen, was wir im Wesentlichen sind. Ich erinnere mich, als wir als Kinder auf dem Hof miteinander stritten, sagten wir immer: »Wer einen anderen so nennt, der heißt selbst so.« Und das ist kein Zufall, es ist nicht nur ein Kinderspruch oder Witz. Das hat eine sehr tiefe psychologische Bedeutung: Wir sehen immer unsere eigenen Qualitäten im Anderen und denken, dass die andere Person genauso ist wie wir selbst. Und auf dieser Grundlage bewerten wir ihre Handlungen und beurteilen sie im Allgemeinen.[8]

Putins Antwort scheint raffiniert, ist aber vor allem verräterisch. Er spricht über Biden und darüber, dass die Aussage von Biden als Verkehrung ins Gegenteil, als Spiegelbild, als Projektion, rezipiert werden müsse: Was man über den Anderen sagt, ihm vorwirft, ist man eigentlich selbst. Folglich werfe Biden Putin an den Kopf, ein Mörder zu sein, sei aber selbst einer. Putin liest also den Vorwurf, der ihn selbst negativ betrifft, als Projektion Bidens. Macht man das konsequent, kann man jeden Vorwurf, selbst wenn er wahr ist, auf diese Weise als Projektion des Anderen bewerten. Darüber hinaus denkt Putin bei dieser Überlegung nicht an sich selbst, er nimmt sich selbst aus dem Spiel heraus. Täte er dies nicht, müsste auch er sich fragen, wen er im Spiegel sieht, wenn er die Ukrainer:innen oder seine politischen Gegner:innen als Faschist:innen bezeichnet.

Interessanterweise ist die Rolle der inversiven Selbstadressierung ausgerechnet in der Sprechakttheorie und in Konzepten von Performativität wenig berücksichtigt worden. Gerade, wenn es sich um Sprechakte wie Hate Speech oder Denunziation handelt, spielt der Absender in der Theorie oft keine Rolle. In der Regel wird davon ausgegangen, dass Sprechakte vor allem etwas mit den Adressat:innen tun, und zwar emotionale Wirkungen oder Effekte hervorrufen und sogar versuchen, den Adressat:innen zu konstituieren beziehungsweise zu definieren. Der Linguist John L. Austin hat 1962 in seiner grundlegenden Studie zum Tun der Sprache (*How to do Things with Words*)[9] zunächst zwischen konstativen und performativen Aussagen unterschieden: Während die einen richtig oder falsch sein können, können die anderen misslingen oder gelingen. Jemanden zu beleidigen, ist also weniger an der Frage orientiert, ob das Wort der Beleidigung tatsächlich auf die Adressat:innen zutrifft, sondern daran, ob die Aussage gelingt, das heißt vom Adressaten angenommen wird und diesen zum Beispiel verletzt oder in der Öffentlichkeit diffamiert. Bei performativen Aussagen hat Austin zusätzlich zwei Typen unterschieden: Die einen tun genau das, was sie aussagen (illokutionäre Sprechakte wie der Taufakt), die anderen ziehen bestimmte Effekte und Wirkungen nach sich (perlokutionäre Sprechakte).[10] Bei beiden Sprechakttypen geht Austin von einer monodirektionalen Setzung beziehungsweise Wirkung aus, die ausschließlich auf die Adressat:innen gerichtet ist.

Auch Judith Butler, die in ihrer Studie *Excitable Speech* (*Hass spricht*) von 1997 Austins Theorie weiterdachte, hat die Absender:innen und deren Performanz nicht im Blick. Stattdessen verweist sie auf die Ideologietheorie des französischen Strukturalisten und Marxisten Louis Althusser, der in der performativen Adressierung sogar ein Prinzip der westlichen Kultur erkannte. In seinem Text »Idéologie et appareils idéologiques d'État. (Notes pour une recherche)« (»Ideologie und ideologische Staatsapparate«) von 1970 schreibt Althusser, dass in der »christlich-abendländischen« Kultur das einzelne Individuum als Subjekt grundsätzlich durch »Anrufung« (frz. *interpellation*) konstituiert werde. Diese Anrufung, die vonseiten der Ideologie, so Althusser, erfolge, mache aus Individuen Subjekte, indem diese durch Anrufungen ständig und wiederholt geprägt würden.[11] Bei dieser Perspektive bleibt unberücksichtigt, was die Anrufungen beziehungsweise performativen Äußerungen mit den Absender:innen machen. Gilt die Idee der Performativität und des Gelingens auch für sie?

Sandro Zanetti und ich haben bereits an anderer Stelle auf die indirekte Selbstadressierung von Sprechakten hingewiesen, die im »Was man sagt, ist man selber« anklingt.[12] Unsere These ist, dass jede (positive oder negative) Konstruktion des Anderen implizit eine Selbstkonstitution des Absenders bedeutet. Bei Verkehrungen ins Gegenteil ist die Selbstkonstitution des Absenders prinzipiell inversiv. Dies gilt nicht nur für einzelne Personen, sondern auch für Ideologien oder gesellschaftliche Konstrukte. Auch sie definieren sich selbst, indem sie Andere als gegenteilige Andere anrufen, zum Beispiel kulturell als exotische Fremde und Barbaren oder politisch als Verräter:innen und Feinde. Verbindet man Nietzsches Theorie von der Reaktivität mit Althussers Beobachtung von der Konstitution des Subjekts durch »Anrufung«, dann lässt sich die Anrufung auch als ein Mittel der reaktiven Umwertung des Absenders analysieren. Performative Äußerungen können dann als multidirektional und bei Verkehrungen ins Gegenteil als reaktiv, projizierend und inversiv bestimmt werden.

Die wenigen theoretischen Ansätze, die bei Sprechakten die Selbstadressierung des Absenders berücksichtigen, stammen vor allem aus der »Schurkendebatte«, die Jacques Derrida in seinem Buch *Schurken* von 2002 rekapitulierte. Derrida weist auf einen politischen Sprechakt des Direktors für internationale Sicherheitsstudien am Woodrow Wilson International Center, Robert S. Litwak, aus dem Jahr 2000 hin. Litwak hatte als Mitglied im Nationalen Sicherheitsrat unter Bill Clinton behauptet, dass Schurken beziehungsweise Schurkenstaaten immer diejenigen seien, die die USA als solche kennzeichne – zur Legitimierung von militärischen Programmen und Aktionen: »A rogue State is whoever The United States says it is.«[13] Darauf bezugnehmend hatte Noam Chomsky, so Derrida, dann kritisiert, »dass der schurkischste der Schurkenstaaten eben derjenige ist, der einen Begriff wie den des Schurkenstaates folgenreich in Umlauf gebracht hat – mit der Sprache, der Rhetorik, dem juristischen Diskurs und den militärisch-strategischen Konsequenzen, die wir alle kennen. Nämlich die USA«.[14] Der Schurke sei demnach der, der den Anderen als Schurken bezeichne, der im Namen der Demokratie die Demokratie aussetze und das Recht des Stärkeren anwende – im Grunde beschreibt Chomsky hier kritisch eine Projektion und damit verbunden eine verborgene und inversive

Selbstadressierung der USA. Auch er sagt, dass man es hier grundsätzlich mit dem Prinzip des »Was man sagt, ist man selber« zu tun habe. Er zeigt, wie sich der Absender zu konstituieren versucht, indem er die Anderen und nie sich selbst als Schurken bezeichnet.

Aber auch dieser Redeakt Chomskys ist in zweierlei Hinsicht aufschlussreich. Das liegt zum einen am »Was man sagt, ist man selber«, das alles, selbst wenn es zutrifft, als Projektion des Absenders ausweist, zum anderen ist auch Chomsky von einer Selbstadressierung nicht ausgenommen. Zu behaupten, die Schurken seien immer die, die einen Anderen als Schurken bezeichnen, ist stets als Kritik an die USA adressiert. Wie problematisch dies ist, zeigt sich, wenn Chomsky 2021, bezogen auf die Proteste auf dem Majdan in Kyiv, Folgendes formuliert: »Was 2014 geschah, kam, wie auch immer man dazu stehen mag, einem von den USA unterstützten Staatsstreich gleich, der die russisch orientierte Regierung durch eine westlich orientierte ersetzte. Das führte dazu, dass Russland die Krym annektierte, hauptsächlich um seinen einzigen Warmwasserhafen und Marinestützpunkt zu schützen, und offenbar mit der Zustimmung einer beträchtlichen Mehrheit der Krymbevölkerung.«[15] Chomskys Adressierung richtet sich in dieser Aussage erneut auf die schurkischen Elemente der USA, er wiederholt im

Grunde, was auch die russische Propaganda über den Euromajdan sagt – dass er ein Staatsstreich, finanziert von den USA, gewesen sei. Dabei werden, um interne Kritik an den USA üben zu können, der Freiheitskampf der Ukrainer:innen und die Kritik an einer von Russland gelenkten Regierung unsichtbar gemacht, ja sogar unausgesprochen negiert. Oder anders formuliert: Während Chomsky eine Verkehrung ins Gegenteil in den Schurkensprechakten der USA erkennt, übersieht er die permanente Verkehrung ins Gegenteil von Putin, die ebenfalls nur die USA als einzigen Schurken und Aggressor kennt. Chomsky bleibt im Freund-Feind-Modus des Kalten Krieges gefangen, so als sei Kritik in beide oder mehrere Richtungen nicht möglich. Denn wenn Chomsky russische Propaganda wiederholt, die sich gegen die USA als diejenigen richtet, die in der Ukraine und in Belarus Proteste organisieren, dann wiederholt er die Adressierung eines Anderen für eigene Zwecke, er nutzt russische Propaganda, um Kritik an der Außenpolitik der USA zu üben. Mit anderen Worten: Chomsky bringt seine Kritik an den USA an, ohne die Autokratie, den Imperialismus, die Repression, die Aggression und den Faschismus in Russland zu erwähnen, er kritisiert, indem er in Russland nicht sieht, was er in den USA konsequent ablehnen würde.

*

Am Ende nun bleibt die Frage, wie man sich aus diesem Schwindel, den die Verkehrungen permanent erzeugen, lösen kann. Adorno und Horkheimer haben als »Gegenbewegung« zur falschen Projektion nichts Geringeres als »die individuelle und gesellschaftliche Emanzipation von Herrschaft«[16] gefordert, womit nicht nur das Ende politischer Formen von Herrschaft gemeint war. Vielmehr ging es ihnen um eine Emanzipation von Beziehungen, die Andere zu Objekten, und zwar zu Objekten der eigenen Projektion, machen. Erst wenn dieser Mechanismus bewusst ist, dann wird auch die jüngste autokratische Verkehrung, nämlich Herrschaftssicherung als Emanzipation von Herrschaft auszugeben, ins Leere laufen. Denn diese zielt darauf, Andere nicht als Subjekte zu akzeptieren, sondern ihnen Folgsamkeit und Unterordnung als Andersdenken, Dissidenz oder Widerstand gegen westliche Aggression anzupreisen. Auf diese Weise wird Subversion zur Machttechnik.

Vor diesem Hintergrund ist es nicht nur notwendig, die aktuellen Verkehrungen sichtbar zu machen, sie historisch einzuordnen und sie als eine globale autokratische Strategie zu verstehen, sondern zugleich, wie im letzten Kapitel vorgeschlagen, die Perspektive zu wechseln. Erst dann wird das Wechselspiel der Verkehrungen ins Gegenteil, die nie nur Adressierungen und

Projektionen, sondern immer auch getarnte Aneignungen sind, deutlich.

Taguieff hatte festgestellt, dass die »Rassisten von heute« sich nicht mehr ausdrücken wie »Hitler, Himmler oder Rosenberg, auch wenn sich ihr Weltbild nicht geändert hat«.[17] Offenbar wollen sich Rassist:innen nicht mehr öffentlich zu ihrem Rassismus, Faschismus, Antisemitismus oder Populismus bekennen. Vielmehr wollen sie unbedingt als Demokrat:innen durchgehen, als Dissident:innen, als Unterdrückte, als Minderheit, Antifaschist:innen oder als Andersdenkende. Sie tarnen ihre Überzeugungen, weisen ihre Ansichten als Einbildung der Anderen aus, projizieren sie auf Andere, rufen sie bei Anderen an, um in Anderen dagegen (im Grunde gegen sich selbst) vorgehen zu können und so weiter. Liest man diese Anrufungen vor dem Hintergrund einer Verkehrung ins Gegenteil, dann wird deutlich, wie sich Absender:innen als das konstituieren möchten, was sie nicht sind – wie sie ausgerechnet als das erscheinen wollen, was ihre Kritiker:innen ausmacht. Denn es ist Putin, der faschistisch agiert und entsprechende Ideologien vertritt, der aber die Anderen, die für Demokratie und Menschenrechte einstehen, als Faschist:innen bezeichnet. Es war Stalin, der eine Konterrevolution herbeigeführt hat, nicht diejenigen, die ihn kritisiert haben.

Verkehrungen ins Gegenteil sind eine bewusst gewählte Machtstrategie, die versucht, die eigenen Interessen mit den Werten, Begriffen, Theorien und Strategien Anderer durchzusetzen. Verkehrungen ins Gegenteil wollen Andere abhängig machen, ins Spiel der Gegensätze, falschen Projektionen und Tarnungen hineinziehen, sie sind aber zugleich auch vom Anderen, der dieses Spiel mitspielt, abhängig. Liest man Verkehrungen ins Gegenteil also auf diese Weise, kann man sie auch als seltsames Geständnis und Eingeständnis lesen: Diejenigen, die Verkehrungen praktizieren, wissen, dass sie für ihre eigentlichen Ziele nicht gewählt würden, dass sie nicht regieren könnten und auch keine Unterstützung für ihren Krieg fänden. Die Verkehrung ins Gegenteil ist im Grunde eine verräterische Selbstadressierung. Sie ist ein Eingeständnis, dass die eigene Macht nur mit den Überzeugungen der Anderen zu erreichen ist.

Nachweis und Dank

Einzelne Überlegungen und Textabschnitte sind seit 2016 bereits auf *Geschichte der Gegenwart* erschienen, und zwar in folgenden Artikeln: Sylvia Sasse, »Verkehrungen ins Gegenteil. Zur Karnevalisierung der Politik« (2.11.2016), {geschichtedergegenwart.ch/verkehrungen-ins-gegenteil-zur-karnevalisierung-von-politik/}; »In den Niederungen der Desinformation. Ein Selbstversuch mit RT« (11.1.2017), {geschichtedergegenwart.ch/in-den-niederungen-der-desinformation-ein-selbstversuch-mit-rt/}, »Monologische Vielfalt« (23.9.2018), {geschichtedergegenwart.ch/monologische-vielfalt/}, »Im Krieg wohnen« (2.3.2022), {geschichtedergegenwart.ch/im-krieg-wohnen/}.

Ich möchte mich sehr herzlich bei Freund:innen und Kolleg:innen bedanken, die mit mir über das Thema diskutiert und mein Manuskript gelesen und kommentiert haben, insbesondere bei Sandro Zanetti, Philipp Sarasin, Dorota Sajewska, Matthias Meindl und Anne Krier, sowie bei meinem Lektor David Frühauf für viele gute Hinweise.

Anmerkungen

1. Einleitung

1 Der Satz lautet im Original: »We will not be tyrannized, we will not be demeaned, and we will not be intimidated by bad, evil people.« »Remarks by President Trump at South Dakota's 2020 Mount Rushmore Fireworks Celebration | Keystone, South Dakota, 4. July 2020«, online unter {trumpwhitehouse.archives.gov/briefings-statements/remarks-president-trump-south-dakotas-2020-mount-rushmore-fireworks-celebration-keystone-south-dakota/}, letzter Zugriff 12.12.2022.

2 Der Artikel ist auf RT Deutsch nicht mehr auffindbar.

3 {www.europarl.europa.eu/news/de/press-room/20161118IPR51718/parlament-warnt-vor-anti-eu-propaganda-aus-russland-und-von-islamisten}, letzter Zugriff 12.12.2022.

4 {meduza.io/news/2022/03/01/shoygu-minoborony-rf-provedet-mezhdunarodnyy-antifashistskiy-kongress-ego-tsel-borba-s-ideologiey-natsizma?fbclid=IwAR0iP8Y7uKVnUzpzeQ4V0zVkE6gJRsJ4r8u0F9Ug-jlpQzRMsv-hUZKaibR4}, letzter Zugriff 12.12.2022.

5 Der Artikel »Der Westen rutscht in eine neue Form des Rassismus ab« vom 18.10.2016 ist auf RT nicht mehr verfügbar: {einreich.ch/artikel/366/medien-und-propaganda-der-westen-

rutscht-in-eine-neue-form-des-rassismus-ab}, letzter Zugriff 12.12.2022. Siehe dazu auch Sylvia Sasse, »In den Niederungen der Desinformation. Ein Selbstversuch mit RT«, in: *Geschichte der Gegenwart* (11.1.2017), online unter: {geschichtedergegenwart.ch/in-den-niederungen-der-desinformation-ein-selbst-versuch-mit-rt/}, letzter Zugriff 12.12.2022.

6 Boris Groys, Ilya Kabakov, *Die Kunst des Fliehens*, München, Wien 1991, S. 74.

7 Maria Stepanova, »Der Untergang des Denkbaren«, in: *WOZ* (17.3.2022): {www.woz.ch/-c3ec}, letzter Zugriff 12.12.2022.

2. Subversion von ›oben‹

1 George Orwell, *1984*, Ulm [40]2017, S. 10.

2 Dominik Fugger, »Im Schatten der Saturnalien. Zur Theoriegeschichte der ›verkehrten Welt‹«, in: *Verkehrte Welten? Forschungen zum Motiv der rituellen Inversion*, *Historische Zeitschrift* Beihefte (Neue Folge), Beiheft 60, München 2013, S. 11–38, hier S. 12.

3 Michail M. Bachtin, *Rabelais und seine Welt. Volkskultur als Gegenkultur*, Frankfurt a. M. 1988, S. 59 f.

4 Ebd., S. 60.

5 Ders., *»Das Lachen ist ein grosser Revolutionär«*.

Michail M. Bachtins Dissertationsverteidigung im Jahr 1946, hg. von Sylvia Sasse, aus dem Russ. v. Anne Krier, Zürich 2015, S. 84.

6 Sergei Averintsev, »Bakhtin and the Russian attitude to laughter«, in: David Shepered (Hg.), *Bakhtin: Carnival and Other Subjects*, Amsterdam 1993, S. 13–19, hier S. 17. Der Althistoriker Hendrik Simon Versnel weist zudem darauf hin, dass auch in anderen Formulierungen, z. B. »periods of licence« (Frazer), »rituals of rebellion« (Gluckman), »rituals of conflict«, »legitimate rebellion«, »legale Anarchien«, »Ventilsitten«, »Ausnahmezeiten« oder »gelegentliche Entgleisung«, auf genau diese Paradoxie hingewiesen worden ist. Siehe Hendrik S. Versnel, »Die Saturnalien. Zu Fragen von Ursprung, Funktion und Bedeutung«, in: *Verkehrte Welten?*, S. 72–101, hier S. 87.

7 Emmanuel Le Roy Ladurie, *Karneval in Romans. Eine Revolte und ihr blutiges Ende 1579–1580*, München 1989, S. 299.

8 Victor Turner, *Das Ritual. Struktur und Anti-Struktur*, Frankfurt a. M. 2005, S. 169.

9 Die Geschichtswissenschaft beschäftigt zudem die Frage, wann diese Verkehrungsfeste aufgetreten sind. Dominik Fugger ist der Ansicht, dass sie eine Erfindung der Renaissance sind, selbst wenn Verkehrungen bei antiken Festen, den Saturnalien, bereits eine Rolle gespielt haben.

»Eine zentrale Rolle kommt dabei der gelehrten kulturellen Rückführung auf die altrömischen Saturnalien zu, als deren Wesenskern bereits in der Frühen Neuzeit die Verkehrung der Hierarchie begriffen wurde.« Fugger, »Im Schatten der Saturnalien«, S. 12. Siehe auch Dietz-Rüdiger Moser, *Fastnacht – Fasching – Karneval. Das Fest der »verkehrten Welt«*, Graz 1986.

3. Rollentausch

1 Schamma Schahadat, *Das Leben zur Kunst machen. Lebenskunst in Russland vom 16. bis zum 20. Jahrhundert*, München 2004, S. 142.

2 Ebd., S. 144.

3 Ebd., S. 142.

4 Ruslan G. Skrynnikov, *Iwan der Schreckliche und seine Zeit*, Augsburg 1997, S. 106.

5 Jurij M. Lotman, Boris A. Uspenskij, »Neue Aspekte bei der Erforschung der Kultur des Alten Rußland«, in: Renate Lachmann, Dmitrij Lichačev, Aleksandr Pančenko, *Die Lachwelt des alten Rußland*, München 1991, S. 185–201, hier S. 199.

6 Vladimir Putin, »Reč«, Vortrag auf dem Kongress der Partei Einiges Russland am 24. September 2011, online unter: {kremlin.ru/events/president/news/12802}, letzter Zugriff 12.12.2022.

7 Dmitrj Medvedev, »Slovo predostavljaetsja Prezidentu Rossii Dmitriju Anatol'eviču Medvedevu«, Vortrag auf dem Kongress der Partei Einiges Russland, 24. September 2011, online unter: {kremlin.ru/events/president/news/12802}, letzter Zugriff 12.12.2022.

8 Hannah Arendt, *Was ist Politik? Fragmente aus dem Nachlaß*, München, Zürich 2003, S. 11; dies., *Vita activa*, München 2002, S. 281.

9 Sheldon Wolin, *Umgekehrter Totalitarismus. Faktische Machtverhältnisse und ihre zerstörerischen Auswirkungen auf unsere Demokratie*, Frankfurt a. M. 2022, S. 122.

10 Ebd., S. 154 f.

11 Ebd., S. 153.

12 Ebd., S. 146.

13 Ebd., S. 151.

14 ›Gelenkte Demokratie‹ wurde als Begriff schon für andere Regime verwendet, zuerst für das politische System des indonesischen Präsidenten Sukarno von 1959–1965, aber ab 2000 wurde es im Grunde zum euphemistischen Synonym für die Regierungsform von Putin.

15 Ebd., S. 154.

16 Ebd.

17 Colin Crouch, *Postdemokratie*, Frankfurt a. M. 2003, S. 11.

18 Chauncey DeVega, »Donald Trump's ›inverted totalitarianism‹: Too bad we didn't heed Shel-

don Wolin's warnings«, in: *Salon* (23.11.2016), online unter: {www.salon.com/2016/11/23/donald-trumps-inverted-totalitarianism-too-bad-we-didnt-heed-sheldon-wolins-warnings/}, letzter Zugriff 12.12.2022.

19 Wolin, *Umgekehrter Totalitarismus*, S. 76.

20 Hannah Arendt, *Eichmann in Jerusalem: Ein Bericht von der Banalität des Bösen*, München 2011, S. 60.

21 Max Horkheimer, Theodor W. Adorno, *Dialektik der Aufklärung. Philosophische Fragmente*, in: Theodor W. Adorno, *Gesammelte Schriften*, Darmstadt 1998, S. 211.

4. Totalitarismus als Umkehrung

1 Iosif V. Stalin, »Protiv opošlenija lozunga samokritiki«, in: *Sočinenija* 11 (1928 – März 1929), Moskau 1949, S. 127–136, hier S. 133: »Надо строго различать между этой ч у ж д о й нам, разрушительной антибольшевистской ›самокритикой‹ и н а ш е й, большевистской самокритикой, имеющей своей целью н а с а ж д е н и е партийности, у п р о ч е н и е Советской власти, у л у ч ш е н и е нашего строительсвва, у к р е п л е н и е наших хозяйственных кадров, в о о р у ж е н и е рабочего класса«.

2 Siehe Iosif V. Stalin, »Über Selbstkritik«, in: *Werke*, Bd. 11 (1928 – März 1929), Berlin 1954, S. 26 (Iosif V. Stalin, »O samokritike«, in: *Sočinenija* 11 (1928 – März 1929), S. 28–37, hier S. 29: »А для того, чтобы этого не случилось, нам нужна самокритика, – не та критика, злобная и по сути дела контрреволюционная, которую проводила оппозиция, – а критика честная, открытая, большевистская самокритика.«).

3 Der Staatspropagandasender Sputniknews hatte nach der völkerrechtswidrigen Okkupation der Krym sogar zeitweise eine Meldestelle für Russophobie eingerichtet. Nach Beginn des Angriffskrieges gegen die Ukraine hat die russische Botschaft in Berlin diese »Idee« reaktiviert und ein Meldesystem (sos@russische-botschaft.de) gegen die Diskriminierung russischer Bürger installiert. Botschaft der Russischen Föderation (5. März 2022), Facebookeintrag #stoprussophobie: »Am 2. März erstellten wir eine Feedback-Email-Adresse sos@russische-botschaft.de. Via diese Email können Landsleute Informationen über Fälle von Diskriminierung senden. In nur 3 Tagen erhielten wir mehrere hundert Nachrichten.« {russische-botschaft.ru/de/2022/03/05/ueber-faelle-der-diskriminierung-und-verfolgung-der-russischsprachigen-bevoelkerung-in-deutschland/}, letzter Zugriff

12.12.2022. Alles in allem wurden auf der Website dann doch nur zwölf Fälle gesammelt.

4 Hannah Arendt, *Elemente und Ursprünge totaler Herrschaft. Antisemitismus, Imperialismus, totale Herrschaft*, München, Zürich [7]2000, S. 766. Gleichzeitig, so Arendt, musste eine Fiktion über eine äußere, konspirative Organisationsform (Kapitalismus, Weisen von Zion, Faschismus, Kommunismus etc.) geschaffen werden, gegen die es zu kämpfen und von der es sich abzusetzen galt (siehe S. 795 ff.).

5 Siehe A. J. Wyschinski [Andrej Januar'evič Vyšinskij], *Gerichtsreden*, Berlin 1951, S. 615.

6 Arkadij Waksberg, *Gnadenlos. Andrej Wyschinski: Mörder im Dienste Stalins*, Bergisch Gladbach 1991, S. 158. Vaksberg ist sich allerdings nicht ganz sicher, ob die Erinnerungen stimmen, weil ihm vier Proben als kaum durchführbar erscheinen, zumal es dafür »Hunderte von Zuschauern« gebraucht hätte, was er für ein zu großes Risiko der Geheimhaltung hält (ebd., S. 159).

5. Alles wieder zurückdrehen oder radikal ernst nehmen?

1 Nikolaj Evreinov, *Schritte der Nemesis. Dramatische Chronik aus dem Parteileben der UdSSR (1936–1938) in 6 Bildern*, hg. von Gleb J. Albert

u. Sylvia Sasse, aus dem Russ. v. Regine Kühn, Zürich 2022, S. 197.

2 Wladislaw Hedeler, *Chronik der Moskauer Schauprozesse 1936, 1937 und 1938. Planung, Inszenierung und Wirkung*, Berlin 2003, S. 58.

3 Ebd., S. 382.

4 Ebd., S. 387. Siehe dazu auch Sylvia Sasse, »Das Gestehen des Theaters. Nikolaj Evreinovs ›Uminszenierung‹ der Moskauer Schauprozesse«, in: Evreinov, *Schritte der Nemesis*, S. 185–208.

5 Zit. nach Ulrich Schmid, *Technologien der Seele. Vom Verfertigen der Wahrheit in der russischen Gegenwartskultur*, Frankfurt a. M. 2015, S. 147. Michail Jur'ev, *Tret'ja imperija. Rossija, kotoraja dolžna byt'*, Moskau 2006, S. 630.

6 Vladimir Sorokin, *Der Tag des Opritschniks*, aus dem Russ. v. Andreas Tretner, Köln 2008, S. 31 f.

7 Hannah Arendt, »Wahrheit und Politik«, in: dies., *Wahrheit und Lüge in der Politik: Zwei Essays*, München 2013, S. 44–92, hier S. 55.

8 Ebd.

6. Umwertung der Werte

1 Friedrich Nietzsche, »Zur Genealogie der Moral«, in: KSA 5: *Jenseits von Gut und Böse. Zur Genealogie der Moral*, München 1988, S. 282 f.

2 Ebd., S. 283.

3 Ders., *Also sprach Zarathustra I–IV*, in: KSA 4, München 1988, S. 122. »Ach wie übel ihnen das Wort ›Tugend‹ aus dem Munde läuft! Und wenn sie sagen: ›ich bin gerecht‹, so klingt es immer gleich wie: ›ich bin gerächt‹« (ebd.).

4 Siehe Sylvia Sasse, »Hintertüren. Dostoevskij, Nietzsche, Bachtin«, in: *Die Welt der Slaven. Internationale Halbjahresschrift für Slavistik* LVIII (2013), S. 209–231.

5 Was Nietzsche liest, sind zwei Erzählungen. Hinter der ersten mit dem Titel »Katja« verbirgt sich die 1847 verfasste Erzählung »Die Zimmerwirtin« (»Chozjajka«), hinter der zweiten eine stark veränderte und gekürzte Fassung der *Aufzeichnungen aus dem Kellerloch* unter dem Titel »Lisa«. Neben den *Aufzeichnungen* liest Nietzsche auch Dostoevskijs *Zapiski iz Mertvogo doma* (*Aufzeichnungen aus dem Totenhause*), *Unižennye i oskorblennye* (*Erniedrigte und Beleidigte*) (ebenfalls in franz. Übersetzung, Letzteres später in deutscher), *Raskolnikov* in dt. und fr. Übersetzung, den *Idioten* und die *Besy* (*Dämonen*), zu denen er ausführliche Exzerpte anfertigt. Siehe Jürgen Lehmann, »Bachtin und Nietzsche«, in: Peter Wiesinger (Hg.), *Akten des X. Internationalen Germanistenkongresses. Zeitwende – Die Germanistik auf dem Weg vom 20. ins 21. Jahrhundert*, Wien 2000, S. 257–264.

6 Nietzsche hatte die *Aufzeichnungen aus dem Kellerloch* als »wahren Geniestreich der Psychologie« bezeichnet. Am 23. Februar 1887, in dem Jahr, in dem auch *Zur Genealogie der Moral* erscheint, schrieb er an seinen Freund Overbeck von der Entdeckung des *L'esprit souterrain*, der französischen Übersetzung der *Aufzeichnungen*, die er in einem Buchladen entdeckt hatte. Später wird er in der *Götzendämmerung* (1888) wieder auf den Kellerlochmenschen und dessen »Existenz in halber Grabesluft« zurückkommen (Friedrich Nietzsche, *Götzendämmerung*, in: KSA 6, München 1988, S. 147). Siehe zum Zusammenhang von Gerechtigkeit und Rache detailliert Sandro Zanetti, »Nietzsches Verhör der Gerechten. Bemerkungen zur Kunst und zur Sprache der Rache in einigen Texten Nietzsches«, in: *Nietzscheforschung: ein Jahrbuch*, Bd. 7 (2000), S. 307–320, hier S. 316.

7 Fjodor Dostojewskij, *Aufzeichnungen aus dem Kellerloch*, aus dem Russ v. Swetlana Geier, Stuttgart 1984, S. 41. Während »rächt« und »Recht« im Deutschen eine paronomastische Beziehung eingehen, deren Differenz akustisch verschluckt wird, ist diese Ähnlichkeit weder im Französischen noch im Russischen zu hören.

8 Nietzsche, »Zur Genealogie der Moral«, S. 310.

9 Dostojewskij, *Aufzeichnungen aus dem Kellerloch*, S. 19: »Где у меня первоначальные при-

чины, на которые я упрусь, где основания? Откуда я их возьму? Я упражняюсь в мышлении, а следственно, у меня всякая первоначальная причина тотчас же тащит за собою другую, еще первоначальнее, и так далее в бесконечность. (...) Смотришь – предмет улетучивается, резоны испаряются« (Fjodor Dostoevskij, »Zapiski iz popol'ja«, in: *Polnoe sobranie sočinenij*, tom 5, Leningrad 1973, S. 108).

10 Friedrich Nietzsche, »Nachgelassene Fragmente. Frühjahr 1888«, in: KSA 13: *Nachgelassene Fragmente 1887–1889*, München 1988, S. 458.

11 Ebd.

12 Ebd., S. 459.

13 Paul de Man, *Allegorien des Lesens*, Frankfurt a. M. 1988, S. 151.

14 Gerhardt Posselt, »Metalepse«. Bei Posselt heißt es weiter: »Auf diese Weise entlarvt Nietzsche – in der Lesart de Mans – die Kategorien der Identität, des Subjekts und des Täters als die Effekte einer rhetorischen Figuration, einer chronologischen oder metaleptischen Umkehrung, die das erst hervorbringt, was sie als ihren Grund voraussetzen muss. Nietzsche weist damit den metaphysischen Glaubenssatz zurück, dass hinter jedem Tun auch ein Täter stehen müsse, hinter jedem Wirken und Werden ein indifferentes wahlfreies Subjekt.«

15 De Man, *Allegorien des Lesens*, S. 151.

16 Ebd., S. 271.

17 Ebd.

18 Auch Gilles Deleuze, der in den 1960er-Jahren ein Buch über Nietzsche schrieb, ergänzt bei seiner Lektüre der *Genealogie der Moral* weitere Umkehrungen, unter anderem eine, die die grundlegende Interpretation Jesu betrifft: »Christus war das genaue Gegenteil von dem, wozu Paulus ihn gemacht hat.« Er habe ihn, weil er seiner Zeit voraus gewesen sei, »ins Reaktionäre gewendet und in den Dienst vorhergehender Stadien gestellt«, er habe ihn »zum Nutzen des reaktiven oder negativen Nihilismus verkehrt: ›durch Paulus zu einer heidnischen Mysterienlehre umgedreht, welche endlich sich mit der ganzen *staatlichen Organisation* zu vertragen lernt [...] und Kriege führt, verurteilt, foltert, schwört, hasst‹«. Auch werden der Hass, der Krieg, so Deleuze, im Nachhinein, durch die umgekehrte Perspektive von Paulus auf Jesus, für Paulus erst gerechtfertigt. Gilles Deleuze, *Nietzsche und die Philosophie*, Frankfurt a. M. 1985, S. 169.

19 Sigmund Freud, *Die Traumdeutung*, in: ders., *Gesammelte Werke* 2 u. 3: *Die Traumdeutung. Über den Traum*, London 1942, S. 474.

20 Überhaupt kommt die Drehung in ganz unterschiedlichen Abwehrmechanismen und Reaktionsbildungen vor. Was in der Psychologie

mit der Verkehrung ins Gegenteil beschrieben wird, ist zum einen eine Umkehrung eines Triebbedürfnisses in sein Gegenteil, was z. B. die Konstellation aktiv/passiv betrifft, aber auch den Trieb selbst. Zum anderen kommt es zu einer Vertauschung des Triebobjektes durch das Ich (Substitution). Nach Anna Freud, die 1936 in ihrem Buch *Das Ich und die Abwehrmechanismen* über Reversionen schreibt, geht es dabei darum, inakzeptable Vorstellungen und Gefühle zu unterdrücken und zu ersetzen durch eine der ursprünglich beabsichtigten Reaktion entgegengesetzte Reaktion, und zwar eine, die ein sozial akzeptiertes Verhaltensmuster darstellt. Siehe Anna Freud, *Das Ich und die Abwehrmechanismen*, München [11]1978.

21 Freud, »Psychoanalytische Bemerkungen über einen autobiographisch beschriebenen Fall von Paranoia (Dementia paranoides)«, in: *Gesammelte Werke* 8: *Werke aus den Jahren 1909–1913*, London 1943, S. 239–320, hier S. 299.

22 Die Verkehrung ins Gegenteil unterscheidet sich von der zur Reaktionsbildung, bei der bei gleichbleibendem Triebobjekt eine Veränderung des Triebziels stattfindet, und von der Reversion oder Wendung gegen die eigene Person, die durch eine Ersetzung des Triebobjekts durch das Ich stattfindet: Die eigene Homosexualität wird durch Homophobie ersetzt, die eigene Mar-

ginalisierung durch die Marginalisierung Anderer etc. Evtl. könnte man ergänzen, in Bezug auf Putin, der eigene Faschismus wird ersetzt durch Diskreditierung Anderer als Faschisten. Aber keinesfalls sollte man eine über Jahre verfolgte Strategie von Desinformation mit einem psychischen Abwehrmechanismus gleichsetzen.

7. Im Krieg

1 »Keine Politik ohne Raum«, Gespräch mit Karl Schlögel, in: *TAZ* (20.2.2022), {taz.de/Osteuropa-Historiker-ueber-Putin/!5833567/}, letzter Zugriff 15.11.2022.

2 Rede von Sergej Lavrov vor dem UN-Menschenrechtsrat am 1. März 2022 in Genf (»Vystuplenie Sergeja Lavrova v ramkach segmenta vysokovo urovnja Konferencii po razoruženiju«), 1:32, online unter: {www.youtube.com/watch?v=QV-RoXCAKG0}, letzter Zugriff 15.11.2022.

3 »Poslanie Prezidenta Federal'nomu Sobraniju«, in: *kremlin.ru* (21.4.2021) {www.kremlin.ru/events/president/news/65418}, letzter Zugriff 15.11.2022: »Мы ведём себя в этой связи в высшейстепени сдержанно, прямо, без иронии скажу, можно сказать, скромно. Часто вообще не отвечаем не только на недруже-

ственные акции, но даже на откровенное хамство«. »Но цепляют Россию – то тут, то там без всяких причин«.

4 Ebd.

5 Ebd.: »Организаторы любых провокаций, угрожающих коренным интересам нашей безопасности, пожалеют о содеянном так, как давно уже ни о чем не жалели.«

6 Ebd.: »Даже такие вопиющие действия не находят осуждения у так называемого коллективного Запада, никто этого будто не замечает. [...] Практика организации госпереворотов, планирование политических убийств, в том числе высших должностных лиц, это уже слишком. Все границы перешли уже.«

7 »Novosti Pervogo Kanala«, in: *facebook*, {www.facebook.com/watch/?v=499910644498784}, letzter Zugriff 15.11.2022.

8 Siehe {www.whitehouse.gov/briefing-room/statements-releases/2021/04/15/fact-sheet-imposing-costs-for-harmful-foreign-activities-by-the-russian-government}, letzter Zugriff 12.12.2022.

9 Wladimir Putin, »Über die historische Einheit der Russen und Ukrainer«, in: *Osteuropa* 7/2021, S. 51–66, hier S. 65. (»Ob istoričeskom edinstve russkich i ukraincev« (12.7.2021), {ru.wikisource.org/wiki/Об_историческом_

единстве_русских_и_украинцев_(Путин)}, letzter Zugriff 15.11. 2022.

10 Putin, »Über die historische Einheit der Russen und Ukrainer«, S. 64.

11 Ebd.

12 »Запад давит на Россию со звериной ненавистью. Видео, вызывающие у вас шквал эмоций, на деле могут оказаться бездушно и цинично изготовленным фейком«. *Antifejk*, »O proekte«, in: *1TV*, {www.1tv.ru/shows/antifeyk/o-proekte}, letzter Zugriff 15.11. 2022.

13 »Keine Politik ohne Raum«, Gespräch mit Karl Schlögel, in: *TAZ* (20.2.2022), {taz.de/Osteuropa-Historiker-ueber-Putin/!5833567/}, letzter Zugriff 15.11.2022.

14 Siehe hierzu Riccardo Nicolosi, »Erniedrigte und Beleidigte. Vladimir Putins Affektrhetorik«, in: *Geschichte der Gegenwart* (23.3.2022), {geschichtedergegenwart.ch/erniedrigte-und-beleidigte-vladimir-putins-affektrhetorik/}, letzter Zugriff 15.11.2022.

8. Enteignung – Aneignung

1 Vgl. »›Ja ne znaju zakata liberalizma soveršenno nikakogo‹ Avtor klassičeskogo perevoda *1984* posporil s Mariej Zacharovoj, o čem pisal Oruėll

(Orwell)«, in: *Meduza* (22.5.2022), {meduza.io/news/2022/05/22/ya-ne-znayu-zakata-liberalizma-sovershenno-nikakogo-avtor-klassicheskogo-perevoda-1984-viktor-golyshev-posporil-s-mariey-zaharovoy-o-chem-pisal-oruell}, letzter Zugriff 25.11.2022. Oder auch bei RT: {de.rt.com/international/130286-orwells-ministerium-fur-wahrheit-sacharowa/}, letzter Zugriff 23.11.2022. Auch die EU wird gerne als »Polizeistaat im schlimmsten Sinne von George Orwell« bezeichnet; siehe {de.rt.com/kurzclips/video/118945-sacharowa-spionageskandale-in-eu-belegen/}, letzter Zugriff 23.11.2022.

2 Gregory Hood, »Cuckening«, in: *Radix* (27.7.2015), {radixjournal.com/2015/07/2015-7-27-the-cuckening/}, letzter Zugriff 15.11.2022.

3 Ebd.

4 Ebd.

5 Ebd.

6 Ebd.

7 Ebd.

8 Diedrich Diederichsen, *Politische Korrekturen*, Köln 1996, S. 112.

9 Alex Rubinstein, »Die Gutmenschen-Idee der USA: Intersektionaler Imperialismus als neue Vermarktungsstrategie«, in: *RT Deutsch* (29.3.2021), {de.rt.com/meinung/114785-gutmenschlicher-tumor-usa-intersektionaler-regenbogen-imperialismus/}, letzter Zugriff 20.11.2022. Im

englischen Original lautet der Titel nur »Intersectional imperialism: A wholesome menace«.

10 Ebd.

11 Lucien Scherrer, »Plädoyer für die Menschenfeinde«, in: *NZZ* (3.5.2016), {www.nzz.ch/feuilleton/politische-kampfbegriffe-plaedoyer-fuer-die-menschenfeinde-ld.17542?reduced=true}, letzter Zugriff 20.11.2022.

12 Andreas Zick, Beate Küpper, Andreas Hövermann, »Die Abwertung der Anderen. Eine europäische Zustandsbeschreibung zu Intoleranz, Vorurteilen und Diskriminierung«, in: *Friedrich-Ebert-Stiftung* (2011), {library.fes.de/pdf-files/do/07905-20110311.pdf}, letzter Zugriff 20.11.2022.

13 »DDR-Bürgerrechtler kritisieren ›Pegida‹-Demonstrationen«, in: *Migazin* (7.1.2015), {www.migazin.de/2015/01/07/ddr-buergerrechtler-kritisieren-pegida-demonstrationen/}, letzter Zugriff 20.11.2022.

14 Tagesschau vom 18.9.2021, online unter: {www.srf.ch/play/tv/tagesschau/video/tagesschau-vom-18-09-2021-hauptausgabe?urn=urn:srf:video:47543a4b-5d8d-407d-ac17-5d56df146d4a}, letzter Zugriff 20.11.2022. Dazu passt auch, dass darüber berichtet wird, dass sich die sogenannten Freiheitstrychler beim russischen Botschafter melden wollen, um Putin um Hilfe zu bitten, weil sie in der Schweiz als »Anders-

denkende« »verfolgt« würden. An solchen Formulierungen merkt man, wie die Propaganda von RT Deutsch fruchtet.

15 Anouk Arbenz, »Der Kanton Schwyz – der Andersdenkende«, in: *March24* (27.9.2020), online unter: {march24.ch/articles/28424-der-kanton-schwyz-der-andersdenkende}, letzter Zugriff 23.11.2022.

16 {www.svp.ch/news/artikel/editorials/nein-zur-verfolgung-andersdenkender/}, letzter Zugriff 23.11.2022.

17 »Kommt bald ›Trump-Today‹ nach Deutschland? Breitbart plant einen deutschen Auftritt«, in: *RT Deutsch* (16.11.2016) (nicht mehr abrufbar).

9. Korruption von Differenz und Vielfalt

1 Pierre-André Taguieff, »Die ideologischen Metamorphosen des Rassismus und die Krise des Antirassismus«, in: Ulrich Bielefeld, *Das Eigene und das Fremde. Neuer Rassismus in der Alten Welt?*, Hamburg 1998, S. 221–268, hier S. 250.

2 Ebd.

3 Ebd.

4 Ebd., S. 251. Siehe zum Begriff der ›Differenz‹ auch Andreas Gerlach, Jule Govrin, »Vive la Différence! Wenn Linke und Rechte von #Differenz reden, meinen sie nicht das Gleiche«, in:

Geschichte der Gegenwart (13.6.2018), {https://geschichtedergegenwart.ch/vive-la-difference-wenn-linke-und-rechte-von-differenz-reden-meinen-sie-nicht-das-gleiche/}, letzter Zugriff 31.12.2022.

5 Ebd., S. 251.

6 Ebd., S. 242. Taguieff kommt zu dieser Schlussfolgerung, nachdem er deutlich Kritik geübt hat an einem naiven Kulturrelativismus, der im Namen einer Heterophilie jedwede berechtigte Kritik am autoritären oder gewalttätigen Anderen zurückweist und Werte wie Menschenrechte als Erfindung eines Okzidentalismus, der im Namen dieser Werte Gewalt ausgeübt hat, entwertet. Die offensichtliche theoretische Schwäche des Kulturrelativismus, politische Systeme als »Kulturen« zu lesen, wurde, darauf geht Taguieff selbst nicht ein, auch von politischen Systemen wie dem von Putin lächerlich gemacht, indem Putin ganz konsequent scheinbar kulturrelativistisch argumentiert, wenn er Kritik an seiner Politik als Kritik an der russischen Kultur und damit als Russophobie abwehrt.

7 Ebd.

8 Ebd.

9 Ebd.

10 Gilles Deleuze, *Nietzsche und die Philosophie*, Frankfurt a. M. 1985, S. 178.

11 Mark Terkessidis, *Kulturkampf. Volk, Nation, der Westen und die Neue Rechte*, Köln 1995, S. 68.

12 Ebd.

13 Alain de Benoist, *Kulturrevolution von rechts*, Krefeld 1985, S. 67; zit. nach Terkessidis, *Kulturkampf*, S. 67.

14 Ebd.

15 Zit. nach Julian Bruns, Kathrin Glösel, Natascha Strobl, *Die Identitären. Handbuch zur Jugendbewegung der Neuen Rechten in Europa*, Münster [3]2017, S. 291.

16 Reinhart Koselleck, *Kritik und Krise*, Freiburg, München, [2]1976, S. 89.

17 Arendt, »Wahrheit und Politik«, S. 55.

18 Ebd.

19 Ebd., S. 83.

20 Sabine Schaper, »Medienshow um mutmaßliche Agenten«, in: *NDR Archiv* (19.9.2018), {www.ndr.de/fernsehen/sendungen/zapp/Fall-Skripal-Medien-show-um-mutmassliche-Agenten,skripal110.html}, letzter Zugriff 6.12.2022.

21 Der Artikel ist nicht mehr online. Bei RT Deutsch wird der Vergleich mit Orwells *1984* häufig verwendet, wenn es darum geht, den Westen als totalitäres Regime zu bezeichnen. Auch die russische Außenamtssprecherin Maria Sacharova verwendet ihn, um z. B. das US-

Außenministerium als »Ministerium für Wahrheit« zu diskreditieren (siehe etwa {de.rt.com/international/130286-orwells-ministerium-fur-wahrheit-sacharowa/}, letzter Zugriff 23.11.2022) und die EU als »Polizeistaat im schlimmsten Sinne von George Orwell« (siehe {de.rt.com/kurzclips/video/118945-sacharowa-spionageskandale-in-eu-belegen/}, letzter Zugriff 23.11.2022).

10. »Falsche Projektion«

1 Max Horkheimer, Theodor W. Adorno, *Dialektik der Aufklärung. Philosophische Fragmente*, in: Theodor W. Adorno, *Gesammelte Schriften*, Darmstadt 1998, S. 208.
2 Ebd., S. 206.
3 Ebd., S. 208.
4 Ebd., S. 212.
5 Ebd.
6 Ebd., S. 212.
7 Ebd.
8 Ebd., S. 210.
9 Ebd.
10 Ebd.
11 Ebd.
12 Jade McGlynn, »Russian rekindling of the Great Patriotic War«, in: *BISA: British International*

Studies Association (8.3.2022), {www.bisa.ac.uk/members/working-groups/resg/articles/russian-rekindling-great-patriotic-war}, letzter Zugriff: 12.12.2022.

13 Siehe o. A., »Kto i začem pridumal lozung ›Možem povtorit'‹? Special'nyj vypusk ›Signala‹ – novyj ežednevnoj rassylki ›Meduzy‹«, in: *Meduza* (9.5.2022), {https://meduza.io/feature/2022/05/ 09/kto-i-zachem-pridumal-lozung-mozhem-povtorit}, letzter Zugriff: 12.12.2022.

11. Leben in Antinomien

1 Orwell, *1984*, S. 260.

2 Ebd.

3 Detlev Pollack, »Die konstitutive Widersprüchlichkeit der DDR. Oder: War die DDR-Gesellschaft homogen?«, in: *Geschichte und Gesellschaft* 24 (Jan.–Mar. 1998), H. 1: *Universitäten und Eliten im Osten nach 1945*, S. 110–131.

4 Masha Gessen, *Die Zukunft ist Geschichte. Wie Russland die Freiheit gewann und verlor*, Frankfurt a. M. 2018, S. 287.

5 Vadim Zakharov, »No more doublethink«, in: *facebook* (6.4.2022), {www.facebook.com/photo/?fbid=10221586229304795&set=a.2306366698352}, letzter Zugriff 25.11.2022.

6 Vgl. auch Matthew Feldman, Paul Jackson (Hg.),

Doublespeak. The Rhetorik of the Far Right since 1945, Hannover 2014.

7 Nicola Gess, *Halbwahrheiten. Zur Manipulation von Wirklichkeit*, Berlin 2021, S. 8.

8 Ebd., S. 11.

9 *Das MfS-Lexikon. Begriffe, Personen und Strukturen der Staatssicherheit der DDR*, Berlin [3]2016, S. 70 f.

10 Ebd., S. 390 f.

12. Die Pathologisierung der Wahrnehmung

1 Times Union Editorial Board, »Editorial: Putin is gaslighting the world«, in: *Times Union* (24.2. 2022), {www.timesunion.com/opinion/article/Editorial-Putin-is-gaslighting-the-world-16942380.php}, sowie Ahmed Baba, »Putin is gaslighting us all — and it looks like we're going to have to accept it«, in: *The Independent* (16.2.2022), {www.independent.co.uk/voices/putin-gaslighting-invasion-ukraine-biden-russia-b2016847.html}, letzter Zugriff 27.11. 2022.

2 Morgan Phillips, »Blinken says Putin is ›gaslighting‹ the world with his Ukraine ›ruse‹: Secretary of State gives Russia stern warning as US rejects claims they are taking American troops OUT of Eastern Europe in deal with Moscow«,

in: *Mail Online* (12.5.2022), {www.dailymail.co.uk/news/article-10380141/Blinken-says-Putin-gaslighting-world-Ukraine-ruse.html}, letzter Zugriff 27.11.2022.

3 Alfie Eltis, »Trump, and the history of political gaslighting«, in: *Varsity* (2.10.2020), {www.varsity.co.uk/opinion/19909}, letzter Zugriff 27.11.2022; Nicole Hemmer, »Donald Trump is gaslighting America«, in: *United States Studies centre* (16.3.2016), {www.ussc.edu.au/analysis/donald-trump-is-gaslighting-america}, letzter Zugriff 27.11.2022.

4 Maria Stepanova, »Der Untergang des Denkbaren«, in: *WOZ* (17.3.2022), {www.woz.ch/-c3ec}, letzter Zugriff 27.11.2022.

5 Wie Gaslighting eingesetzt wird, um die Inszenierung nicht auffliegen zu lassen, davon erzählt auch der Film *Truman Show* (1998) von Peter Weir. Truman, dessen gesamtes Leben, seit seiner Geburt, als Show vermarktet wird, weiß als Einziger nicht, dass sein Leben eine Fernsehserie ist, die 24 Stunden am Tag läuft. Damit er die gespielte Realität um ihn herum als echt wahrnimmt, wird seine Wahrnehmung, sobald in dieser inszenierten Welt Fehler auftreten, stets korrigiert. Insbesondere Trumans Frau-Schauspielerin hat die Aufgabe, konsequent seine diesbezüglichen Beobachtungen zu leugnen und ihm einzureden, er sei krank und

brauche Hilfe. Auch hier soll die Pathologisierung verhindern, dass die Simulation aufgedeckt wird.

6 Sandra Pingel-Schliemann, *Zersetzen. Strategie einer Diktatur*, Berlin 2003, S. 278.

7 Ebd.

8 Vladimir Vojnovič, *Delo № 34840*, Moskau 1993 (dt. *Zwischenfall im Metropol. Meine erstaunliche KGB-Akte*, München 1994).

9 Siehe Kata Krasznahorkai, Sylvia Sasse, »›Bis auf weitere gute Zusammenarbeit‹. Die künstlerische ›Bearbeitung‹ der Akten«, in: dies. (Hg.), *Artists & Agents. Performancekunst und Geheimdienste*, Leipzig 2019, S. 564–580, hier S. 564 ff.

10 Heinrich von Kleist, »Unwahrscheinliche Wahrhaftigkeiten, in: ders., *Werke und Briefe in vier Bänden*, Bd. 3, Berlin, Weimar 1978, S. 366–369.

11 Michel Foucault, *Hermeneutik des Subjekts. Vorlesungen am Collège de France 1981/82*, Frankfurt a. M. 2009, S. 313.

13. »Bitte rette uns nicht!«

1 Sandra Tjong, »Die sieben wichtigsten Fragen zum Krim-Referendum«, in: *Focus* (13.3.2014), {www.focus.de/politik/ausland/putin-schafft-fakten-der-westen-diskutiert-die-sieben-

wichtigsten-fragen-zum-krim-referendum_id_3679901.html}, letzter Zugriff 27.11.2022.

2 »Weltweite Anspannung. Die Krim stimmt ab«, in: *DW* (14.3.2014), {www.dw.com/de/weltweite-anspannung-die-krim-stimmt-ab/g-17497610}, letzter Zugriff 27.11.2022.

3 Yevgenia Belorusets, ukrainische Fotografin, Künstlerin und Autorin, schreibt in ihrem Tagebuch: »Damals, im Jahr 2014, sagten die Leute in Kyiv: ›Die Menschen aus dem Donbass, die ukrainischen Putin-Versteher, haben den Krieg in unser Land eingeladen.‹ Diese angebliche *Einladung* gilt seit einiger Zeit als Erklärung dafür, warum das absolut Unmögliche, der Krieg mit Russland, plötzlich doch möglich geworden ist.« (Yevgenia Belorusets, *Anfang des Krieges. Tagebücher aus Kyiv*, Berlin 2022, S. 16 (Hvh. i. O.).) Doch ebenso wenig, wie die Besetzung der Krym und nun der Angriff auf die gesamte Ukraine eine ›Rettung‹ vor den ›Faschisten‹ sei, haben die Ostukrainer:innen, wie Belorusets hier kommentiert, jemandem eine ›Einladung‹ geschickt. Diese Verkehrungen dienen nicht nur der Manipulation der öffentlichen Meinung in Russland, sondern sie sind mit einem anderen Ziel auf die Ukraine selbst gerichtet. Dort soll die Rede von der Einladung suggerieren, im Osten des Landes hätte man die russischen Besetzer ›eingeladen‹. Auf

diese Weise soll auch die Spaltung innerhalb des Landes forciert werden.

4 Gessen, *Die Zukunft ist Geschichte*, S. 343.

5 So bezeichnete der Regierungssprecher Peskov am 2. April 2022 die »Rettung der Separatistengebiete« als eines der Ziele der »Spezialoperation«, siehe »Peskov nazval spasenie DNR i LNR odnoj iz cel'ej specoperacii na Ukraine«, in: *Moskva 24* (2.4.2022), {www.m24.ru/news/vlast/02042022/447311}, letzter Zugriff 27.11.2022.

6 Milan Zarafi, »Putin procitiroval Bibliju, govorja o Donbasse«, in: *gazeta.ru* (18.3.2022), {www.gazeta.ru/politics/news/2022/03/18/17445247.shtml}, letzter Zugriff 27.11.2022.

7 Tanja Maljartschuk, »Russland, mein Russland, wie liebe ich dich«, in: *FAZ* (10.3.2014), {www.faz.net/aktuell/feuilleton/protest-einer-ukrainischen-autorin-russland-mein-russland-wie-liebe-ich-dich-12838807.html}, letzter Zugriff 27.11.2022.

8 Ebd.

9 »Die EU überlässt die Ukraine den Aggressoren«, Renate Nimtz-Köster im Gespräch mit Serhij Zhadan, in: *Der Spiegel* (30.7.2014), {www.spiegel.de/kultur/gesellschaft/ukraine-konflikt-serhij-zhadan-im-interview-ueber-russische-literatur-a-983219.html}, letzter Zugriff 27.11.2022.

10 Ebd.

11 Serhij Zhadan, »Ein Land wie zwei Klumpen«, in: *Die Zeit* (30.1.2014).

12 Sergej Loznitsa (Reg.), *Donbass* (2018), 27:00 ff.

13 Muriel Fischer, *Bildmanipulation und ihre Effekte. Über den Umgang mit Bildern im russisch-ukrainischen Informationskrieg*, Masterarbeit Universität Zürich 2019, S. 53.

14 »Donbass: EU unterstützt Kriegspropaganda und verkauft es als ›Anti-Kriegs-Film‹«, in: *RT Deutsch* (1.10.2018), {deutsch.rt.com/meinung/76891-donbass-eu-unterstutzt-kriegspropaganda/}, letzter Zugriff 27.11.2022. Das Video ist inzwischen nicht mehr abrufbar. Auf RT wurde das Video folgendermaßen eingeleitet: »Mit geschickt inszenierten Bildern präsentiert der bekannte ukrainische Regisseur Sergei Loznitsa den Donbass als von barbarischen Untermenschen okkupierte Region. Sein Film macht sich die Propaganda zu eigen, mit der die ukrainische Regierung bis heute den Beschuss der Regierungsgegner im Osten des Landes rechtfertigt. EU-Länder wie Deutschland, Frankreich, die Niederlande und Rumänien beteiligten sich mit Fördergeldern an dem Filmprojekt. Maria Janssen rezensiert den im Westen hochgelobten Film und fragt die Donbass-Bewohner, was diese von Loznitsas Porträt ihrer Region halten.« Siehe auch »Manipulativ:

RT Deutsch: EU unterstützt Kriegspropaganda und verkauft es als ›Anti- Kriegs-Film‹«, in: *stopfake.org* (12.10.2018), {www.stopfake.org/de/manipulativ-rt-deutsch-eu-unterstutzt-kriegspropaganda-und-verkauft-es-als-anti-kriegs-film/}, letzter Zugriff 27.11.2022.

15 Vera Žičko, »Byvšaja plennica Alisa Kovalenko: ›V peskach mne stalo jasno, čto ėto – vojna. V mae 2014-go ėto ososnavali ne vse‹«, in: *Fakty* (15.3.2016), {fakty.ua/214006-byvshaya-plennica-alisa-kovalenko-smotrite-fashistku-pojmali-ona-nas-vseh-ubit-hochet-slyshite}, letzter Zugriff 27.11.2022.

16 Ebd.

17 Stanislav Aseyev, Andreas Umland, »Das Donezker Foltergefängnis ›Isoljazija‹«, in: *ukraineverstehen.de* (4.12.2020), {ukraineverstehen.de/asejew-umland-donezker-foltergefaengnis-isoljazija/}, letzter Zugriff 27.11.2022.

14. Verräterische Selbstadressierung

1 Dokumentiert z. B. in einem Artikel der *Washington Post*: Philip Bump, »On the novelty of calling a killer a killer«, in: *The Washington Post* (18.3.2021), {washingtonpost.com/politics/2021/03/18/novelty-calling-killer-killer/}, letzter Zugriff 28.11.2022.

2 »Vstreča s obščestvennost'ju Kryma i Sevastopolja«, Prezident Rossii (18.3.2021), {kremlin.ru/events/president/news/65172?fbclid=IwAR0Ic-NTUHd5qxwdYNUpNe2PS2lo8iMpeHrp-czF7jOF-S0kNJKuSOY4hvnY#sel=153:8:eWc,158:20:KDa}, letzter Zugriff 28.11.2022.

3 Zit. nach Anton Troianovski, »Russia Erupts in Fury Over Biden's Calling Putin a Killer«, in: *NY Times* (18.3.2021), {nytimes.com/2021/03/18/world/europe/russia-biden-putin-killer.html}, letzter Zugriff 28.22.2022.

4 Zit. nach »Putin responds to Biden: ›Takes one to know one‹«, in: *Pravda* (18.3.2021), {english.pravda.ru/news/russia/147447-putin_biden_response/}, letzter Zugriff 28.11.2022.

5 In der Tat wurde Putins Satz mehrfach so übersetzt, u. a. im *Telegraph*: Nick Allen, Jamie Johnson, Nataliya Vasilyeva, »Vladimir Putin says ›it takes one to know one‹ after Joe Biden calls him a ›killer‹«, in: *Telegraph* (18.3.2021), {telegraph.co.uk/news/2021/03/18/vladimir-putin-hits-back-joe-biden-killer-jibe-saying-takes/}, letzter Zugriff 28.11.2022. Oder im *Guardian*: »›Takes one to know one‹: Putin-Biden spat escalates after ›killer‹ accusation«, in: *The Guardian* (18.3.2021), {theguardian.com/world/2021/mar/18/putin-wishes-biden-good-health-as-officials-demand-us-apology}, letzter Zugriff 28.11.2022.

6 »Krupnye zapadnye SMI iskazili otvet Putina na slova Bajdena«, in: *Izvestija* (18.3.2021), {iz.ru/1139072/2021-03-18/krupnye-zapadnye-smi-iskazili-otvet-putina-na-slova-baidena}, letzter Zugriff 28.11.2022.

7 Auf Französisch wurde bspw. folgende Übersetzung verwendet: »›C'est celui qui le dit qui l'est!‹ réagit Poutine le ›tueur‹«, in: *lematin.ch* (18.3.2021), {lematin.ch/story/cest-celui-qui-le-dit-qui-lest-reagit-poutine-le-tueur-707486083296}, letzter Zugriff 28.11.2022.

8 »Vstreča s obščestvennost'ju Kryma i Sevastopolja«, Prezident Rossii (18.3.2021), {www.kremlin.ru/events/president/transcripts/comminity_meetings/65172/print}, letzter Zugriff 28.11.2022: »Но когда мы оцениваем других людей, или когда оцениваем даже другие государства, другие народы, мы всегда как бы смотримся как будто в зеркало, мы всегда там видим себя. Потому что всегда перекладываем на другого человека то, чем мы сами дышим, чем мы являемся по сути«.

9 Siehe John L. Austin, *Zur Theorie der Sprechakte (How to do things with Words)* (1955), Stuttgart [2]1979, S. 150 f.

10 Judith Butler, *Hass spricht. Zur Politik des Performativen*, Berlin 1998.

11 Louis Althusser, »Ideologie und ideologische Staatsapparate«, in: ders., *Ideologie und ideo-*

logische Staatsapparate. Aufsätze zur marxistischen Theorie, Hamburg, Berlin 1977, S. 108–153, hier S. 142 f.

12 Sylvia Sasse, Sandro Zanetti, »›Was man sagt, ist man selber‹. Hate Speech, Autoperformanz, performative Fakten«, in: Carina Breidenbach, Ines Ghalleb u. a. (Hg.), *Fakten und Verunsicherung. Ordnungen von Wahrheit, Fiktion und Wirklichkeit*, Hamburg 2022, S. 189–203.

13 Jacques Derrida, *Schurken. Zwei Essays über die Vernunft*, Frankfurt a. M. 2003, S. 136. Derrida selbst gibt noch mal eine andere Definition von Schurkenstaaten: Es sind diejenigen, »die ihre Staatspflichten gegenüber der Weltgemeinschaft und die Verpflichtungen des Völkerrechts missachten, das Recht verhöhnen und den Rechtsstaat verspotten«. Letztlich gesteht er ein, dass alle Staaten Schurkenstaaten seien, weil es eigentlich keine souveräne Macht, keine souveräne Demokratie, ohne den »zweideutigen Gebrauch von Macht« geben könne (ebd.).

14 Ebd., S. 136.

15 »Chomsky: Outdated US Cold War Policy Worsens Ongoing Russia-Ukraine Conflict.« Noam Chomsky Interviewed by C.J. Polychroniou, in: {chomsky.info/20211223/}, letzter Zugriff 28.11.2022. Dazu auch ein Artikel ukrainischer Wirtschaftswissenschaftler:innen, die Chomskys Aussagen als Desinformation analysieren:

Bohdan Kukharskyy, Anastassia Fedyk, Yuriy Gorodnichenko und Ilona Sologoub, »Open Letter to Noam Chomsky (and Other Like-Minded Intellectuals) on the Russia-Ukraine War«, in: *e-flux Notes* (23.5.2022), {www. e-flux.com/notes/470005/open-letter-to-noam-chomsky-and-other-like-minded-intellectuals-on-the-russia-ukraine-war}, letzter Zugriff 28.11.2022.

16 Horkheimer, Adorno, *Dialektik der Aufklärung*, S. 225.

17 Taguieff, »Die ideologischen Metamorphosen des Rassismus und die Krise des Antirassismus«, S. 250.

Zweite Auflage Berlin 2025

MSB Matthes & Seitz Berlin Verlagsgesellschaft mbH
Großbeerenstraße 57A | 10965 Berlin | Deutschland
info@matthes-seitz-berlin.de

Satz: Monika Grucza-Nápoles, Gdynia
Druck und Bindung: Art-Druk, Szczecin, Poland
Printed in Poland
Umschlaggestaltung nach einer Idee
von Pierre Faucheux
ISBN 978-3-7518-0566-7
www.matthes-seitz-berlin.de

Nicola Gess

Halbwahrheiten

Zur Manipulation von Wirklichkeit

157 Seiten, Klappenbroschur

Halbwahrheiten gehören zu den auffälligsten und wirkmächtigsten Instrumenten des sogenannten postfaktischen politischen Diskurses – eines Diskurses, der zwischen Relativismus und Zynismus schwankt und für den die Verwandlung von Fakten in bloße Meinungen ebenso typisch ist wie das Streben nach Aufmerksamkeit und die Demonstration autoritärer Setzungsmacht. In ihrem Buch setzt Nicola Gess die Halbwahrheit ins Vernehmen mit dem Ideologiebegriff und formuliert eine Theorie der Halbwahrheit als narrativer Kleinform, die nicht nach dem binären Code wahr/falsch, sondern glaubwürdig/unglaubwürdig funktioniert. Am Beispiel des gefallenen Journalisten Claas Relotius, des Verschwörungstheoretikers Ken Jebsen und des Literaten Uwe Tellkamp untersucht sie, wie eine Rhetorik der Halbwahrheiten arbeitet und warum man ihr mit einem »Fiktionscheck« besser begegnen kann als mit einem »Faktencheck«.

»Selten lud eine literaturwissenschaftliche Begriffsklärung so zur Selbstprüfung ein.«
– Gustav Seibt, *Süddeutsche Zeitung*

Cara New Daggett

Petromaskulinität

Fossile Energieträger und autoritäres Begehren

80 Seiten, Klappenbroschur

Während sich der Planet erwärmt, umarmen rechtspopulistische Parteien und Bewegungen im globalen Norden eine Mischung aus Klimaleugnung, Rassismus und Frauenhass. Anstatt die Phänomene getrennt zu betrachten, schlägt Cara Daggett in diesem wegweisenden Text vor, ihren Zusammenhang durch das Konzept der Petromaskulinität zu befragen. Dabei stellt sie die Bedeutung in Rechnung, die die jahrzehntelange Nutzung fossiler Energieträger dabei hatte, die westliche Lebensweise aufrechtzuerhalten, und macht damit zugleich plausibel, inwiefern die Ängste, die der menschengemachte Klimawandel auslöst, sich in dem Wunsch nach Autoritarismus Bahn brechen. Fossile Energieträger sind mehr als eine Industrie, die gigantische Profite generiert und massiven Einfluss ausübt. Ihre Nutzung trägt in der engen Verflochtenheit mit unserer Art zu wirtschaften und zu leben auch zur Ausbildung einer männlichen Identität bei, die angesichts ihrer gegenwärtigen Krise zur kompensatorischen Gewalt gegen Geschlechteremanzipation und Klimagerechtigkeit führen kann.